中国、欧洲与世界丛书
The Book Series of China, Europe and the World

黄平 主编
Editors-in-chief
Huang Ping

Syrian Civil War and Europe
叙利亚内战与欧洲

赵晨　赵纪周　黄萌萌　著

中国社会科学出版社

图书在版编目(CIP)数据

叙利亚内战与欧洲/赵晨等著. —北京：中国社会科学出版社，2018.4
(2018.6 重印)
(中国、欧洲与世界丛书)

ISBN 978 – 7 – 5203 – 2093 – 1

Ⅰ.①叙… Ⅱ.①赵… Ⅲ.①国内战争—研究—叙利亚 Ⅳ.①D737.61

中国版本图书馆 CIP 数据核字（2018）第 033286 号

出 版 人	赵剑英
责任编辑	喻　苗
特约编辑	郭　枭
责任校对	杨　林
责任印制	王　超

出　　版	中国社会科学出版社
社　　址	北京鼓楼西大街甲 158 号
邮　　编	100720
网　　址	http://www.csspw.cn
发 行 部	010 – 84083685
门 市 部	010 – 84029450
经　　销	新华书店及其他书店
印刷装订	北京明恒达印务有限公司
版　　次	2018 年 4 月第 1 版
印　　次	2018 年 6 月第 2 次印刷
开　　本	650×960　1/16
印　　张	16.75
字　　数	162 千字
定　　价	49.00 元

凡购买中国社会科学出版社图书，如有质量问题请与本社营销中心联系调换
电话：010 – 84083683
版权所有　侵权必究

目 录

前 言 …………………………………………（1）

第一章
　叙利亚内战与欧盟 …………………………………（1）

第二章
　法国的叙利亚政策 …………………………………（37）

第三章
　英国的叙利亚政策 …………………………………（90）

第四章
　德国的叙利亚政策 …………………………………（133）

第五章
　展望 …………………………………………………（192）

附　录 ………………………………………………（204）

欧盟及法、英、德等国关于叙利亚内战的政策大事
　　年表（2011年3月—2017年8月）……………………（207）

后　记 ………………………………………………（247）

前　　言

几个世纪以来，中东北非一直是大国博弈的焦点，能否在这一地区发挥核心影响力，被认为是校验是否出现"世界性力量"的试金石。中东北非地区的阿拉伯国家之中，叙利亚又是一个关键交汇点，地理位置重要，教派和民族矛盾集中，被称为阿拉伯世界"跳动的心脏"[1]，其政局变化直接牵动整个地区甚至全球的安全形势。在殖民时代，中东北非地区曾长期被英法等欧洲国家"托管"（叙利亚是法国的殖民地），但第二次世界大战后这一地区逐渐沦为美苏争霸的"前线"，冷战后则变成美国"辐辏体系"的有机组成部分。2008年美国华尔街引爆国际金融危机，再加上伊拉克和阿富汗两场战争损耗巨资，美国经济和财政状况恶化，此种情形下，奥巴马上任后对美国的外交政策做出调整，美在中东北非地区开始收缩，导致该

---

[1] Paul Danahar, *The New Middle East: The World after the Arab Spring*, London: Bloomsbury, 2015, p. 1.

地区出现"权力真空"。

欧洲在21世纪第一个十年,通过一体化的形式,借助欧洲联盟(简称欧盟)这一组织形式,崛起成为一种独特的"民事力量"(civilian power)。所谓"民事力量"是相对于"军事力量"(military power)而言,指的是一个国家,或是像欧盟这样的组织,凭借经济和政治工具在地区和全球舞台上施加强大影响力,无须用武力威胁,即可改变对象国的偏好、选择和政策。欧盟及其成员国是联合国等国际组织维持和平行动的最大参与力量,欧盟和欧盟国家对外援助占到世界对外援助总量的70%。2004年,欧盟大规模东扩,波兰、捷克、匈牙利等中东欧国家入盟,欧盟从15个成员国变为25国,2007年罗马尼亚和保加利亚加入,又变成27国,它也因此成为全球最大的市场,甚至GDP也一度超越美国,跃居世界首位。布鲁塞尔像一块"磁石",以繁荣和自由的旗帜招引着欧洲"边缘地区",乃至土耳其等主要领土位于欧洲之外的国家前去"投奔"。

21世纪初,欧洲从自己第二次世界大战后成功的地区一体化历程中获得了自信,在欧盟不断地扩大中酿制着自豪感,以至于部分精英信奉欧盟乃是一个新的"安静的超级大国"(the Quiet Superpower)[①]。欧洲将自由和福利相

---

① Andrew Moravcsik, "Europe: The Quiet Superpower", *French Politics*, Vol. 7, No. 3/4, 2009, pp. 409–413.

结合的经济和社会模式、欧洲人高效且安逸的生产和生活方式在世界范围内将起到示范作用，是未来世界发展的方向①。中东北非地区本即为欧洲的"近邻"，在美国力量下降、世界格局转换之际，这支新力量能够替代美国，在中东北非地区扮演来自西方的"替代者"角色吗？鉴于叙利亚内战是中东北非地区近年来持续时间最长、战况最惨烈、牵扯地区内外势力最多、影响最大的一场焦点，本书将以这场具有风向标意义的焦点事件为核心考察对象，检视欧洲与中东这两大地区之间的关系。

欧洲的"外交革命"

冷战结束以来二十多年的时间，除了20世纪90年代末的科索沃战争，欧盟赞同使用武力驱赶米洛舍维奇下台，大多数时候，欧盟都坚持联合国的权威，主张尽量用政治手段化解危机。欧洲展示给世人的是一副"和平的面孔"，欧盟对于战后重建、维和具有丰富的经验和较高的威望。在中东北非地区，欧盟及其主要成员国的中东北非外交政策也原本一直稳健，维护这一地区的稳定曾长期是

---

① ［英］马克·伦纳德：《为什么欧洲会领跑21世纪?》，廖海燕译，上海三联书店2009年版；［美］理查德·里夫金：《欧洲梦：21世纪人类发展的新梦想》，杨治宜译，重庆出版社2006年版。

欧洲的主要目标。但 2010 年年底，突尼斯一个小贩被杀所引发的中东北非变局却改变了欧洲的整体外交路径：欧盟和一些成员国认为"动用武力"也是必要的，从而偏离了欧洲看重"软实力"和以"先进规范"引导世界其他地区的"长项"和传统路径。法国和英国在利比亚内战中率先出动战机轰炸卡扎菲的军队，这两个国家在利比亚内战初期比美国还要积极和活跃，颠覆了我们过去对欧洲国际行为特征的认识，那个 2003 年严厉批评美国小布什政府无端发动伊拉克战争的"老欧洲"怎么了。

对此变化当然有多种解释：比如"势力范围说"，即北非是英法的前殖民地，是它们的"后院"和传统势力范围，结束殖民统治后，英法同该地区仍然保持着千丝万缕的联系；也有"商业利益或者石油利益说"，英法在北非地区存在大量的商业利益，英法在能源上要比美国更依靠北非的供给；还有"地缘政治说"，法英两国，特别是法国，一直主张欧盟应该把视线投向南方，即地中海南岸的北非，而不是东方，这也部分解释了为什么法英要比德国积极。不过，我们认为最关键的因素还是"外交理念"，就是欧洲的舆论环境已经将"人道主义干预"上升到欧洲国家应尽"义务"的高度，所谓"干涉的义务"（duty to intervene）已经深入人心。这种人道主义干预理念是欧盟世界观的体现，同时它也是法英德等欧洲大国与欧盟的中东北非政策的共同点和共通点。下面让我们稍作分析：

前　言

　　自20世纪90年代以来，卢旺达和索马里的人道主义灾难、科索沃战争、伊拉克战争，这一次次国际事件促发西方国际法学界一步步向弱化主权的方向发展；欧洲、美国以及加拿大、澳大利亚等西方国家大学中开设了众多的人权教育课程，设立了诸多相关方向的学位，这一代西方人，以及来到西方留学的发展中国家学子耳濡目染，都不同程度地受到"人权高于主权"观念的影响；西方媒体中自由主义倾向更是天然地占据主流地位，当电视和社交媒体将利比亚的卡扎菲政权、叙利亚的巴沙尔政府"镇压"反对者的视频发在欧美媒体广为传播后，西方媒体各种评论立即将欧美各国政府置于不干涉就等于与利比亚和叙利亚政府"同谋"的境地。

　　欧洲比美国在这点上更敏感。欧洲在经历了半个多世纪的一体化进程之后，是主权观念最为淡化的地区。按照亚历山大·温特的说法，欧洲已经从"洛克文化"进化到"康德文化"①。"洛克文化"中每个国家按照其各自的法律和利益行动，"康德文化"则指在全世界范围内拥有一部唯一、普遍、理性和最高的国际行为法典。欧洲已经将《欧洲基本权利宪章》写入《里斯本条约》，在欧洲违反人权要受到欧洲人权法院和欧洲法院的制裁。同时欧洲各国不仅将人权优先原则限于欧洲层次，它还希望将其推广

---

①　［美］亚历山大·温特：《国际政治的社会理论》，秦亚青译，上海人民出版社2000年版。

到全球层次，欧洲各国是联合国设立国际刑事法庭最积极的倡导者。

德国国际关系学者托马斯·里斯（Thomas Risse）在1999年一次克林顿和布莱尔都参加的政界学界对话会议上的发言很好地表现出欧洲关于人权和主权关系的观点。他说："经济和军事大国为了某些战略目标，比如获得领土，或者是增强自己的影响力，而介入，甚至是军事干涉其他国家事务的时代已经结束了。国际游戏的规则已经改变"，"我们可以观察到新的世界秩序正在生成，它是基于一些规定了正确行为的基本规范之上的。如果今天你想要成为一名国际共同体的成员，你最好遵守基本的人权，尊敬地对待你的人民，不要卷入大规模杀伤性武器的扩散，不要把你的垃圾倒到你的邻居的后院"。[1]

欧洲政界的一个普遍共识是，在全球化时代，违反国际法和基本人权的人必须受到惩罚，而民族国家的主权，则无须给予过多的注意。其逻辑是，如果某些国家的领导人自己不关注法律，如果他们自己任意践踏老百姓的人权，那么，为什么要让国家主权的借口成为他们的救命稻草呢？如果那样，人权将永远不会得到确立。为此，需要起草一部国家行为全球准则，并且建立监督和执行这一准

---

[1] Thomas Risse, "Democratic Global Governance in the 21st Century", Progressive Governance for the 21 Century, Conference Proceedings, Florence, November 20–21, 1999, p. 94.

则的国际机构。这些国际司法机构应该根据什么样的权威建立？如果按照一国一票原则运作的团体，比如联合国，不能达到目的的话，各自由民主国家就必须自告奋勇，承担起它们的责任来。欧美虽然在尊重联合国和现有国际法程度方面仍有很大区别，但在创建民主国家的干涉同盟方面却是观点一致的。这一同盟以人权为道义旗帜，具有极强的感召力，它可以轻而易举地将千万颗射向贝尔格莱德和的黎波里的导弹合法化。按照意大利马克思主义理论家安东尼奥·奈格里（Antonio Negri）和他的美国合作者迈克尔·哈特（Michael Hardt），以及印度社会学家帕萨·查特杰（Partha Chatterjee）的说法，这是一个合法使用武力，充当整个世界警察的"新帝国"①。

2003年伊拉克战争时期，欧洲人尚不认同美国小布什政府随意动用武力，英国著名政治评论家蒂莫西·加顿·阿什（Timothy Garton Ash）说"当大屠杀威胁到来时，欧洲人应该总是准备干预"，不过"贸易是我们最有效的工具，军事力量则是我们最弱的一环"，"如果我们不喜欢布什的单边主义先发制人原则，我们最好发展出自己的一套

---

① ［美］迈克尔·哈特、［意］安东尼奥·奈格里：《帝国：全球化的政治秩序》，杨建国、范一亭译，江苏人民出版社2005年版；［印度］帕萨·查特杰：《被治理者的政治：思索大部分世界的大众政治》，田立年译，广西师范大学出版社2007年版。

多边主义实践路径。"① 但是，七年后，欧洲已经将自己"升级"到为了这些"崇高"的目的，不惜动用自己"虚弱"的军事力量也要积极进行干涉的"道义新高地"。中东北非变局就为欧洲人提供了这样一次实验机会。

一场失败的"浪漫主义"实验

2010 年，突尼斯、利比亚、埃及、巴林、也门、叙利亚等国家均发生不同程度的街头抗议、暴动或是政变，一些"政治强人"被迫下台，"民主"呼声席卷阿拉伯世界。此种情境下，欧洲部分政治人物的心理开始起变化，其外交政策受到这些"涟漪"的扰动变得激进化。为了所谓的"阻止人道主义灾难"和促进当地的"民主化"，欧盟及其主要成员国外交政策发生重大转型，积极介入中东北非地区事务，推动这一所谓的"第四波民主"进程。由于欧洲这一时期的外交理念充斥着理想色彩，我们不妨借用文学领域中的"浪漫主义"概念，将中东北非变局时期的欧盟外交称为"一场人权浪漫主义外交革命"。

浪漫主义是文艺的基本创作方法之一，它同现实主义同为文学艺术上的两大主要思潮。作为创作方法，浪漫主

---

① Timothy Garton Ash, "Keeping the UFO Flying", *The Guardian*, June 8, 2004, https://www.theguardian.com/world/2004/jun/08/eu.politics.

义在反映客观现实上,侧重从主观内心世界出发,抒发对理想世界的热烈追求,常用热情奔放的语言、瑰丽的想象和夸张的手法来塑造形象。在文学史上,18世纪晚期至19世纪初期,欧洲开始出现浪漫主义运动,当时它是对以理性为核心的启蒙运动的反弹,是一种对启蒙时代的反思:启蒙时代的思想家强调演绎推理的绝对性,而浪漫主义则强调直觉、想象力和感觉,甚至到了被一些人批评为"非理性主义"的程度。

文学上的浪漫主义在18—19世纪是对民族主义的反响,而欧盟的人权浪漫主义是多元的世界主义(cosmopolitanism)的当代体现;文学上的浪漫主义是对启蒙运动,即理性的反抗,欧盟的人权浪漫主义则是对讲究国家利益的现实主义国际政治的反抗,包括人道主义干预、保护的责任等理念都在强调规范相对于利益的优先性;此外,"浪漫"还可以折射欧盟的外交决策不够统一的制度特性和欧盟外交执行效率比较低下的实际特征。之所以说欧洲在中东北非变局中的外交转变是一场"人权浪漫主义"实验,是因为它是以保护人权为基本出发点的系列外交行动。印度学者查特杰对它的思想根源的概括非常精辟:"一些欧洲自由主义作者现在说,康德在19世纪启蒙运动时代所描述的梦想,眼下正在变为现实。康德虽然承认每个国家将按照其各自的法律和利益行动是事实,但他仍然设想,如果一部唯一、普遍、理性和最高的国际行为法典

(code of international practice)可以在全世界范围内得到确立，那么永久和平则是可能的。自由主义者现在说的是，确立这样一部全球可应用实践法典的时代已经到来。国际法和基本人权必须在全世界范围内得到确立。"[①] 但这显然过于理想化，至少脱离中东北非地区的实际情况。

中东北非各种矛盾交织，但欧洲却放弃了审慎的态度，既轻视这一地区宗教、民族和历史的复杂性，又轻信所谓"民主化"的力量，同时也无视自己并不具备类似美国的军事实力，还缺乏俄罗斯的坚定意志，最终导致自己导演的这场"浪漫主义"实验以失败落幕。总体上看，政治动荡后，中东与北非国家并未如西方国家所愿而走向政治民主化，反而普遍出现治理弱化乃至国家失败与地区失序的局面。利比亚内战推翻了卡扎菲政权，结束了卡扎菲的生命，但利比亚却陷入空前混乱的无政府状态，不仅没有建立起自由民主的责任政府，反而沦为部族混战、军阀割据的丛林格局。叙利亚内战中，欧洲和美国扶植的反对派一盘散沙，其中部分反对派还同"伊斯兰国"极端恐怖主义势力相互勾结，变相帮助手段残忍、违反人性的"伊斯兰国"攻城略地。深具讽刺意味的是，欧盟以"人道主义"为名干涉叙利亚，但却酿成第二次世界大战后最大的

---

① [印度]帕萨·查特杰：《被治理者的政治：思索大部分世界的大众政治》，田立年译，广西师范大学出版社2007年版，第112页。

一场人道主义灾难。时至今日，叙利亚的内战仍未结束，而欧盟和法英德等欧洲大国却逐渐在这场冲突中沦为"次要角色"。欧美等西方国家试图在中东与北非地区国家推进所谓政治民主化、进行民主改造的政策并不成功；而由于这种"民主改造"政策导致的中东北非乱局，反过来逼迫众多叙利亚、伊拉克、利比亚难民偷渡地中海和沿土耳其北上，涌入欧洲，引发了今天仍在缠绕欧洲的难民危机。上百万进入欧洲的难民中，还混藏着难以鉴别的恐怖分子，他们在欧洲引爆炸弹、持枪持刀杀人、驾驶卡车冲撞人群，制造了一系列恐怖袭击事件，使得欧洲"引火上身"，一改原有和平安定的政治经济局面，蒙上了恐怖主义的阴影。2015年11月13日，巴黎发生大规模恐怖袭击事件，至少132人死亡。此后欧盟干预叙利亚的热情逐渐消散，现实主义而非"浪漫主义"重新成为欧盟外交政策的主流思维。

本书结构安排

本书就是解剖欧洲干预叙利亚这一案例的"实验报告"：第一章回顾了20世纪90年代以来欧盟的中东北非地区政策演变历程，我们发现欧盟的政策原本比较稳健，着重通过建立制度来维护该地区的稳定。从1995年开始，欧盟通过建立"欧洲—地中海伙伴关系"（EMP）、"欧洲睦邻政策"(ENP)和"地中海联盟"(UfM)等制度渠道,试图以发展经贸关系、提供援助等方式实现这一地区的经济繁荣、政治稳定和地区和平。但欧盟与中东北非国家间的这些机制并未达到预期效果。2011年突尼斯"茉莉花革命"爆发后,法英等欧洲国家和欧盟在中东北非变局系列事件里相当活跃,深度参与推翻原有政权的各项活动。本章从欧盟的实力、理念和政策工具三个视角解析了欧盟的叙利亚政策失败的过程和原因。首先,欧盟的硬实力不足,使其在美国收缩中东战略的形势下难以成为与俄罗斯、伊朗对抗的西方力量;其次,欧盟激进化的世界主义外交理念因为过于脱离地缘政治现实,而缺乏足够的竞争力;最后,欧盟的民事外交政策工具在叙利亚这一特殊场域未能发挥足够的效力。

欧盟不是一个"联邦国家",各成员国,尤其是大国是外交领域更重要的主体。所以本书选择法、英、德三个影响力最大,也最有代表性的国家的叙利亚政策进行分析。第二章和第三章分别论述了法国和英国的叙利亚政策演变及其原因。对于法国来说,叙利亚是第二次世界大战后法国全球战略构建以及在中东担当大国角色的重要支点。中东北非变局爆发后,法国对叙利亚采取了"民主改造"、抛弃巴沙尔政权的干预政策,不断加强同沙特等海湾国家的关系。第二章回顾了法叙关系的发展历史,检视了法国在叙利亚内战中的政策,并分析了影响法国对叙政策演变的主要因素，笔者认为过多的政策目标和自身实力的限制，使法国难以发挥与自身实力并不匹配的大国影响，法国未来的叙利亚政策仍可能面对力不从心的困境。而对于英国来说，英国在叙利亚问题上一度表现颇为高调的原因主要包括：第一，由于历史与地缘政治等原因，英国试图保持在中东地区的影响力和发言权；第二，2016年6月，英国通过全民公投决定"退出欧盟"，而通过介入叙利亚问题，英国可以向外界展示，它离开欧盟后仍具有外交和军事影响力；第三，2016年11月美国大选后，英国希望与美国继续保持传统的特殊关系，这在英国"脱欧"之后对它尤为重要。

德国的叙利亚政策要比法国和英国"保守"得多，第四章对此从外交文化视角出发进行了较为详尽的分析：第二次世界大战结束后，经历了公民教育与历史反思的德国形成了"和平主义"的外交文化；两德统一后，摆脱了冷战格局束缚的德国在国际上的地位逐步提高，西方盟友对德国承担更多国际经济、政治与安全责任的期待也相应上升。在此背景下，德国外交文化的内在特征出现调整趋向：军事领域的"克制文化""联盟团结"与"多边主义"原则以及"承担更多国际责任"之间此消彼长的态势有所加剧。然而，德国政界加强国际参与的意愿与民众对承担国际责任及使用武力的谨慎态度仍在反复拉锯。德国在叙利亚战争中的外交政策反映出的正是冷战结束以来德国外交文化的延续与调整的特点。

法国、英国和德国，这三个欧洲主要大国在中东北非变局中的表现不尽相同，法、英两国积极参与了利比亚军事干预行动，德国则比较谨慎。2011年叙利亚内战爆发后，法、英、德三国均追随美国，基本上都将推翻属于什叶派分支阿拉维派的叙利亚总统巴沙尔·阿萨德的政权作为首要目标，或明或暗地支持叙利亚的反对派（多为逊尼派）。但2015年11月巴黎恐怖袭击事件发生后，法、英、德等欧洲国家的叙利亚政策有所调整，不再强调阿萨德必须下台，而将反恐列入其在叙利亚的首要任务。例如，法国时任总统奥朗德宣布改变对于叙利亚内战的立场，申明"阿萨德不是法国的敌人，伊斯兰国才是"，加大军事打击"伊斯兰国"的力度，西班牙、德国等国也对法国转变立场表示支持，德国联邦议会通过了允许德国参与在叙利亚协助打击"伊斯兰国"的空袭行动。因此，推翻阿萨德政权和在叙利亚打击IS的恐怖主义势力，成为法、英、德三国在叙利亚政策上的两个重要选项，只不过随着形势的变化，这两个选项各自的优先性在三个国家的政策和行动中表现得有所不同而已。

在第五章，本书将对英国"脱欧"，美国特朗普当选美国总统后的中东局势做一前瞻性展望，对欧洲在叙利亚问题上的未来走向，以及中国同欧洲有可能进行的合作进行简要分析。

第一章　叙利亚内战与欧盟

中东北非国家位于地中海的南半弧，欧盟处在北半弧。随着欧盟的逐步扩大，南半弧的地中海国家在西班牙、葡萄牙、希腊等国家加入欧盟后，成为欧盟隔海相对的邻国。欧盟是中东北非地区国家最大的贸易伙伴，是中东能源的主要购买者，它希望维持该地区的稳定，所以和平一向是欧盟及欧洲国家在中东地区的首要目标。但在2010年年底中东北非地区的政治动荡爆发后，欧盟和法英两国的态度有了很大的变化。下面，我们先对叙利亚内战爆发前欧盟的中东北非政策做一概述。

一　叙利亚内战前的欧盟与中东

为了稳定周边，自20世纪90年代起欧盟相继推行了"欧洲—地中海伙伴关系""欧洲睦邻政策"和"地中海联盟"等制度性计划，但结果与设计目的之间落差较大。

1. "欧洲—地中海伙伴关系"机制

1995年欧盟（当时是15个成员国）与摩洛哥、阿尔及利亚、突尼斯、埃及、以色列、约旦、叙利亚、黎巴嫩、土耳其、塞浦路斯、马耳他①和巴勒斯坦权力机构签署《巴塞罗那宣言》，正式启动"欧洲—地中海伙伴关系"（EMP）机制。

"欧洲—地中海伙伴关系"机制改变了欧洲与地中海南岸邻国保持双边关系的旧模式，变成一方为欧盟，一方为地中海合作伙伴国家的新型多边关系。"欧洲—地中海伙伴关系"计划将地中海变为一片和平、繁荣之海。《巴塞罗那宣言》提出欧洲与地中海国家要建立三个相互补充的关系：第一是政治和安全合作，希望实现环地中海的和平与稳定；第二是经济和金融合作，共享繁荣，建立环地中海自由贸易区；第三是社会与文化层面，进行人员交流，促进文化上的相互理解，增进公民社会层面上的联系。

但是"欧洲—地中海伙伴关系"并不是一种平等的伙伴关系，更像一种经济上的辐辏体系。欧盟并非根据南方国家的需要，而是自己决定实施方法和具体步骤②。最终

---

① 塞浦路斯和马耳他在2004年已经加入欧盟。

② Rosemary Hollis, "No Friend of Democratization: Europe's Role in the Genesis of the 'Arab Spring'", *International Affairs*, Vol. 88, No. 1, 2012, p. 83.

第一章　叙利亚内战与欧盟

结果是《巴塞罗那宣言》确定的和平与稳定、共享繁荣等目标，都没有变成现实。《巴塞罗那宣言》规定在2010年建成自由贸易区，但直到今天，只是消除了制造业领域的关税和非关税壁垒，而制造业是欧盟和欧洲国家的优势，而非中东北非国家所长。北非国家除能源外最主要的出口产品——农产品的贸易自由化进程非常缓慢。欧盟倡导投资自由化，也使得欧洲公司在竞争中胜过本土公司，将很多本土公司逐出市场。更关键的是，"欧洲—地中海伙伴关系"计划安排中没有南方国家与欧洲间劳动力自由流动的协议，这也削减了南方国家的劳动力竞争优势，间接增加了这些国家的失业。欧盟力图通过"欧洲—地中海伙伴关系"在地中海国家推广自由市场理念，但自由市场反而增加了地中海国家的失业，拉大了贫富差距。中东北非地区的政治动荡的爆发，其根本原因正在于阿拉伯国家糟糕的经济状况。具有反讽意味的是，仅存的从伙伴关系中获益的国家是本地区唯一一个非阿拉伯国家——以色列，它借助"欧洲—地中海伙伴关系"打开了通向欧洲市场的出口渠道，通过发展外向型经济，其经济总量已经超越不少欧盟国家[1]。

---

[1] Roby Nathanson and Stephan Stetter, eds., *Israeli-European Policy Network Reader*, Tel Aviv: Friedrich-Ebert-Stiftung, 2005.

2. "欧洲睦邻政策"（ENP）

"欧洲睦邻政策"（ENP）是欧盟 2003—2004 年开始实行的一项政策，它与"欧洲—地中海伙伴关系"的不同之处在于，它不是多边协定而是欧盟单方面有条件地向地中海国家提供援助。此政策的出台有以下背景：第一，地中海国家经济和政治体系差异过大，欧盟希望用一项可以分类对待各国的新政策工具来提升管理水平。第二，欧盟 2004 年即将东扩，中东欧十国将加入欧盟，白俄罗斯和乌克兰会成为欧盟的新边界，欧盟在短期内不可能让这两国入盟，但同时又需要稳定它们的情绪，所以提出"欧洲睦邻政策"，给予它们一定援助。这一模式随即被照搬到地中海邻国与欧盟的关系中。第三，2003 年美国入侵伊拉克后，提出了"大中东和北非倡议"（Broader Middle East and North Africa Initiative）①，计划有组织、有规模地从外交、经济和政治等层面对整个伊斯兰世界进行民主改造。"欧洲睦邻政策"也是欧盟相对美国这一倡议，推出的以民主稳定周边的平行制度工具。欧盟向中东北非提供财政和技术援助，但交换条件是阿拉伯国家要进行政治改革。

"欧洲—地中海伙伴关系"是欧盟在中东北非地区推广民主的工具，但是阿拉伯国家在态度上，对美欧的新政策工具都没有表示热烈欢迎。阿拉伯民众厌恶美国入侵伊

---

① 参见美国国务院网站，http：//2005 - 2009 - bmena. state. gov/。

拉克，对欧洲也没有好感，尽管很大一部分欧洲国家对伊拉克战争持否定态度。阿拉伯国家批评美国在巴以问题上持双重立场，欧洲人则被看作美国的帮凶[1]。在政治上，面对欧盟伸过来的"樱桃"，不少阿拉伯国家采取实用主义态度，比如埃及的穆巴拉克一开始表示同意，但当需要进行真正的政治和经济改革时，他就中断了与欧盟的谈判。在技术上，阿拉伯国家也不适应这套将欧洲共同体法律（acquis communautaire）照搬过来的援助措施，如约旦，虽几经努力，它也没能将自己的公有部门或私有部门的治理水平提升到欧盟要求的水平。只有以色列认为，"欧洲睦邻政策"是一个真正的机会，以色列通过它获得进入欧洲市场的特殊通道，并在科研领域与欧洲展开合作。

3. "地中海联盟"（UfM）

"地中海联盟"（UfM）源于萨科齐2007年在竞选法国总统职位时的提议，在当选总统之后，他大力推动并于2008年建成这一新机制。

"地中海联盟"与"欧洲睦邻政策"相比有两个特点：一是成员国更多，达到43个；二是层级更高，更侧重国与国之间政府间层次对话和谈判，它在西班牙专设了秘书

---

[1] Abdel-Fattah Mady, "American Foreign Policy and Peace in the Middle East", *Contemporary Arab Affairs*, Vol. 3, No. 3, 2010, pp. 271–296.

处,并且仿照欧盟设立轮值主席国。不过"地中海联盟"也难称成功:首先,它在欧盟内部就受到很多质疑,西班牙怀疑法国此举是希冀改变西班牙在"欧洲睦邻政策"中的中心角色①,德国认为萨科齐是在争夺欧盟扩展方向的主导权,有碍欧盟的团结。其次,"地中海联盟"着力推广欧盟与北非国家在能源、基础设施、运输以及环境等领域的商业项目,但收效甚微。唯一的亮点是,为促进地中海地区中小企业的发展,"地中海联盟"专门成立了"地中海企业开发机构",但大多数项目只是停留在纸面上②。再有,"地中海联盟"与前两项欧盟机制一样,也强调中东北非国家要推进民主和人权,法国也是中东北非地区的政治动荡发生后反应最激烈的欧洲国家,但2008年时任法国总统的萨科齐邀请埃及时任总统穆巴拉克与他一道担任"地中海联盟"首任联合主席。2008年7月,萨科齐也同样在巴黎设宴欢迎叙利亚总统巴沙尔。

总体来看,欧盟的三项地中海机制都没有达到预想效果:政治上没有取得阿拉伯国家的信任,对巴以问题的帮助不大;经济上,合作没有让阿拉伯国家启动改革,阿拉伯人

---

① Richard Gillespie, "Adapting to French 'Leadership'? Spain's Role in the Union for the Mediterranean", *Mediterranean Politics*, Vol. 16, No. 1, 2011, pp. 59–78.

② Nathalie Tocci, "State (Un) Sustainablility in the Southern Mediterranean and Scenarios to 2030s: the EU's Response", *Mediterranean Projects (MEPRO) Policy Paper*, 1, Aug. 2011.

第一章 叙利亚内战与欧盟

民并未从中获益；文化上，虽有文化对话和公民社会团体的交流和接触，但效果有限。《巴塞罗那宣言》提出的欧盟与地中海南岸国家"共享繁荣"和"创造就业"的目标没有实现。欧盟推广自由、民主和法治等理想主义说辞，由于它的现实主义做法和对待阿拉伯国家和以色列的双重标准（2006年巴勒斯坦大选哈马斯获胜后，欧盟拒绝承认这一民主选举结果），其说服力大为减弱。加强情报、边检、反恐等领域的合作，保证欧盟自身安全，减轻移民压力等现实动机在欧盟事实上的地中海政策机制中则体现得非常明显。

2010年年底突尼斯的"茉莉花革命"开启了中东北非地区的政治变局，随后埃及、利比亚、也门、叙利亚等国相继爆发"革命"，中东北非开始陷入动荡。欧盟和欧洲国家以较快速度对阿拉伯各国国内反对派表示支持，表态支持各国的"民主化"进程。检视欧盟和一些欧洲国家这一时期的行为，翻阅它们的政策文件①，可以看出欧盟及其主要成员国承认了它们原来追寻的西亚、北非地区的"稳定"已不复存在，其核心目标转变为促进该地区的

---

① 欧盟委员会2011年3月和5月发表两份以促进"民主"为目的的欧盟新伙伴关系文件 European Commission and High Representative of the Union for Foreign Affairs and Security Policy, A Partnership for Democracy and Shared Prosperity with the Southern Mediterranean, Brussels, March 8. 2011, COM（2011）200 final; European Commission and High Representative of the Union for Foreign Affairsand Security Policy, "A new response to a changing Neighborhood", Brussels, May 25, 2011, COM（2011）303。

"深度民主"，冀望日后在更高层面上，实现地中海南岸的长久稳定及欧洲的利益诉求①。

2011年2月利比亚的班加西爆发反政府示威游行，后转变为卡扎菲政府与反政府力量的武装冲突。法国、英国和欧盟积极介入，2011年2月25日，欧盟对利比亚政府实施武器禁运；26日，联合国安理会通过首项决议，冻结卡扎菲资产，并把事件交由国际刑事法院处理。3月初，卡扎菲的军队进攻反对派在东部的据点班加西，随后法国团结阿拉伯联盟，英国说服了美国奥巴马政府准备对卡扎菲进行军事打击。3月17日，联合国安理会再度通过决议，授权成员国在利比亚设置禁飞区。决议通过后几个小时，法国即率先出动战机轰炸了卡扎菲的军队，随后美国海军于深夜通过其部署在地中海上的多艘军舰，向利比亚北部防空系统发动了导弹攻击，英国皇家空军也派出多架战机参与空袭。在法、美、英等多国联军的空中协助下，利比亚反政府军逐渐在地面战场取得优势，8月攻入首都的黎波里，10月卡扎菲被杀。

如果说利比亚内战让欧洲国家的自信心大增的话，那么在班加西示威游行之后一个月发生的2011年3月叙利亚德拉的"革命"却让欧盟和法英等欧洲大国遭遇到它们的"滑铁卢"。

---

① 吴弦：《欧盟国家利比亚军事干预解析》，《欧洲研究》2012年第2期，第108—121页。

二 欧盟在叙利亚"场域"中的实力

自2011年以来，血腥暴力程度不断升级的叙利亚逐渐成为中东北非地区的"暴风眼"，世界政治的几个重要变化趋势在叙利亚得到充分的展示：第一，世界安全政治的多极化。叙利亚战局变化反映出，中东北非地缘政治格局已由美国单极掌控变为域内和域外大国"群雄逐鹿"的多极博弈。2003年，美国小布什政府发动伊拉克战争、推翻伊拉克萨达姆政权标志着美国在中东地区的权势达到顶峰，但深陷伊拉克和阿富汗两场战争的惨痛教训使得2008年继任的奥巴马政府奉行"不做蠢事"（don't do stupid shit）的外交原则，遇事不主动出击，谨慎使用武力，导致美国在中东北非地区的政治影响力和安全威慑力显著下降。而俄罗斯、伊朗直接出动空军或地面部队支持叙利亚阿萨德政权，通过果断的军事行动扭转了叙利亚政府军在同反政府武装作战中一度被动的战场对峙格局。第二，伊斯兰极端主义思想和行动的扩张。叙利亚内战助长了发源于伊拉克的"伊斯兰国"（ISIS或ISIL，阿拉伯国家和法国将其称为"达伊什"[DAESH]）极端恐怖组织向叙利亚蔓延，并形成了"国家形态"。"伊斯兰国"比基地组织的手段更残忍、思想更激进，不仅建立了以叙境内的拉卡和伊拉克境内以摩苏尔为中心的"国家"建制，而且以现代传播手段吸引西方世界的信众，同时在欧洲多地发动恐怖袭击，造成平民重大伤亡，使萨缪尔·亨廷顿（Samuel Huntington）关于"文明的冲突"的预言隐隐然有"成谶"之势。第三，"代理人"战争在冷战后的重现。冷战后，西方在地区冲突中具有压倒性军事和舆论优势的惯常局面并未在叙利亚内战中重现。美国与法国等欧盟国家以及以沙特、卡塔尔为首的逊尼派海湾阿拉伯国家通过军事和经济援助支持叙利亚自由军等反政府武装；而俄罗斯、伊朗和黎巴嫩真主党武装除了军援叙利亚政府军之外，还直接参与叙利亚政府军的军事作战行动；土耳其在制衡库尔德人势力扩张和增加自己地区影响力的目标前提下，在美俄两个阵营之间摇摆；而以色列在划定红线之后，也不时对黎巴嫩真主党武装和叙利亚政府军实施军事打击行动。叙利亚内战事实上已经变为一场热度极高、有域外和域内大国直接参与的"代理人"战争。

　　欧盟在世界舞台上是一支以"软实力"而非"硬实力"见长的力量。曼纳斯（Ian Manners）提出，欧盟是一种"规范性力量"（normative power），其力量体现在具有普世意义的"先进"价值观上，包括和平、自由、民主、法制与人权。欧盟以自己的一体化实践以及从这一进程中所摸索出的规则来"指导"世界其他地区的发展，[①] 它与

---

① Ian Manners, "Normative Power Europe: A Contradiction in Terms?", *Journal of Common Market Studies*, Vol. 40, No. 2, 2002, pp. 235–258.

第一章　叙利亚内战与欧盟

传统霸权力量"以力压人"的理念和方式有显著的区别，是以"利他主义"的姿态，通过树立典范，"诱使"其他行为者接受并遵守欧盟的规范，从而实现自己的外交目标。穆尼尔（Sophie Meunier）和妮可拉迪斯（Kalypso Nicolaidis）等学者认为，欧盟是一支"贸易性力量"（trade power），它不仅是世界上最大的单一市场，而且它实施的共同贸易政策又让欧盟委员会握有同世界其他地区和国家谈判贸易协定的权力，据此欧盟可以充分利用对象国希望进入欧盟这个大市场的经济需求，在贸易谈判或其他经济往来中附加政治条件，迫使对方以政治让步交换经贸利益。[1] 此外，巨额的经济援助（欧盟是世界上最大的对外援助方）和广泛的国际联系（欧洲是国际调停会议举办最多的地区）也都是欧盟的"软实力"，或者说"民事力量"[2] 的重要组成部分。

而在"硬实力"方面，作为一个具有超国家性质的地区组织，欧盟的军事实力极为有限，与美俄相比差距明显。尽管1999年欧盟的科隆峰会就决定整合实施"欧洲安全与防务政策"（ESDP，2009年的《里斯本条约》将

---

[1] Sophie Meunier and Kalypso Nicolaidis, "The European Union as a Conflicted Trade Power", *Journal of European Public Policy*, Vol. 13, Issue 6, 2006, pp. 906–925.

[2] Francois Duchene, "Europe's Role in World Peace", in Richard Mayne ed., *Europe Tomorrow: Sixteen Europeans Look Ahead*, London: Fontana, 1972, pp. 32–37.

其更名为"共同安全与防务政策"[CSDP]），2001年决定部署独立于北约的快速反应部队，但因为关于部署用兵的政治决策总是久拖不决，已成立的18支快速反应部队没有一次实际投入使用过。在刚果（金）和利比亚等冲突和危机中，通常是欧盟成员国单独用兵（主要是法国），或者是几个欧洲国家在北约框架下协同与美国联合出兵行动，欧盟没有主导实施过一次军事行动。即使在成员国层面，法国和英国作为欧盟的军事大国（英国2017年3月29日已提交退出欧盟的申请），在情报搜集、预警导航、空中加油和指挥系统方面也不具备独立作战能力；德国的军事建设才刚有起色；意大利因财政支出超出预算，在2011年的利比亚危机中还因经费不足将其轻型航空母舰撤出战斗，在世界军事史上书写了奇特的"记录"；其他一些较大的欧洲国家尽管军种齐全，但人数和规模很小，被外界称为"盆景"式军队。①

叙利亚内战已形成政治哲学视角下霍布斯式的丛林社会，它显然并非欧盟施展外交影响力的合适"场域"，欧盟在军事硬实力方面的不足在此暴露无遗。法国和英国政府试图在叙利亚复制"法英主导、美国幕后领导"军事干预的"利比亚"模式（法国是第一个提出军事干预叙利亚的西方大国，英国政府也紧随其后提出相同要求），但叙

---

① Christian Mölling, "Europe without Defence", *SWP Comments*, 2011/c 38, November 2011.

第一章 叙利亚内战与欧盟

利亚政府军人数超过40万,军队人数和坦克数量均超过利比亚卡扎菲政权的五倍以上,如果美国不愿武力介入,单个或数个欧盟大国,或者欧盟整体武力干涉叙利亚均没有成功的可能。在现实主义者看来,除了军事实力之外,投入的意愿和决心也是形成有效威慑的核心要素。① 在这方面,欧盟于内外均存在问题:在欧盟内部,德国在利比亚战争期间即对英法两国鼓吹军事干预的外交行为心存疑虑,在联合国安理会第1973号关于在利比亚设立禁飞区决议中同俄罗斯和中国一起投了弃权票。在叙利亚危机中,英国卡梅伦政府虽然同法国站在一起,但在叙利亚化学武器风波发生后,2013年8月英国下院却投票否决了英国政府对叙利亚进行军事干预的动议。英国政府向下院提交的文件称,即使得不到联合国安理会的支持,对叙利亚采取军事行动也"得到国际法许可",因为当前叙利亚局势符合"人道主义干涉"的条件,但此份文件并未说服下院大多数议员。英国最大的反对党——工党,对军事干预表示疑虑,要求英政府拿出叙利亚政府使用化学武器的有力证据,否则英国应等待联合国的调查报告发布之后再根

---

① 美国现实主义国际关系学者斯蒂芬·沃尔特(Stephen Walt)认为,威胁主要源于综合实力、地缘的毗邻性、进攻实力和侵略意图四个方面,尤其指出"意图而不是实力,是关键"。参见[美]斯蒂芬·沃尔特《联盟的起源》,周丕启译,北京大学出版社2007年版,第24页。

据国际法采取相应行动。这一决议具有重要转折意义,此后不仅包括法国在内的欧洲国家再未制订不经联合国同意即武力干涉阿拉伯国家内政的计划,而且它也直接影响到美国奥巴马政府对阿萨德政府动武的决策。[1] 奥巴马虽然在2012年划下阿萨德使用化武美国就会与欧洲盟友直接干预的红线,但英国下院的表决促使其下决心收手,转而同意俄罗斯的建议,以阿萨德政权交出所有化学武器,将化武置于国际监督之下结束了这一风波。在欧盟外部,最紧密的安全盟友——美国——的犹豫和退缩,连带损害了欧盟以及法英等欧盟成员国所鼓吹的"阿萨德下台"的战略目标的可信性。

叙利亚战争以2014年9月为界,分为两个阶段:2011年3月至2014年9月,欧盟及其成员国与美国的目标是支持叙利亚反对派,推翻阿萨德政府;2014年9月美国主导的国际联盟(包括欧盟国家)则将消灭"伊斯兰国"作为核心目标,同时也没有完全放弃阿萨德下台的原目标。法国、英国、丹麦、荷兰等欧洲国家追随美国对"伊斯兰国"在叙利亚的目标实施了空中轰炸,但其力度与2015年应叙利亚总统巴沙尔邀请参战的俄罗斯相差甚远。同时在战争中,欧洲国家与美国一样,尽量避免将阿萨德政府军作为直接轰炸目标。尽管北约中欧洲成员国的国防总开

---

[1] Marc Pierini, "In Search of an EU Role in the Syrian War", *Carnegie Europe*, August 2016, p. 5.

支是俄罗斯的五倍，①但独立成体系、大规模作战的实力、投入战争的意志和决心都远远落后于俄罗斯。当然，鉴于规范引领和贸易等"民事"工具是欧盟的主要力量所在，我们还需要对欧盟在叙利亚冲突中的理念和这些政策工具进行回顾和分析。

三 "激进化"世界主义理念的碰壁

在后冷战时代的世界舞台上，欧盟的外交政策常被认为充满"理想主义"色彩，这主要源于欧盟的"世界主义"（cosmopolitanism）理念，即人类的福祉不是由地理方位或文化区域决定的，国家、种族或是其他区别不应成为那些满足人类基本需求的权利和义务的限制，所有人都应受到平等对待和尊重。②它的这种外交理念源自欧洲以和平的制度化和法制化方式推进一体化的自身历史经验、自1950年《欧洲人权公约》开启的以平等的个人主义为核心的人权世界观，以及以康德的《永久和平论》为思想根源的全球宪政主义秩序理想。欧盟的历次重大条约均标明

---

① ［美］斯蒂芬·沃尔特：《美国时代的终结》，《国外社会科学文摘》2012年第5期。

② David Held, "Cosmopolitanism", in David Held and Anthony McGrew eds., *Governing Globalization*, Cambridge: Polity Press, 2002, pp. 305–324.

了欧盟的价值观。2009年生效的《里斯本条约》在前言的第二款和第三款即表示:"欧盟建立在尊重人的尊严、自由、民主、平等、法治和尊重人权,包括少数族裔人权的基础上","联盟成立的目的就是要增进和平,推广它的价值,提高它的人民的幸福水平"。① 欧盟从未将这些价值理念限制在自己的境内,它很早就开始对外推广自己的模式。1989年10月,雅克·德洛尔——欧洲一体化史上最杰出的欧共体委员会主席之一——在布鲁日的欧洲学院发表演说阐述欧洲的世界观时,即引用了1948年在海牙召开的首届欧洲统一运动大会一位宣言起草者的话:"欧洲的最高目标就是保证人的尊严,以及自由——这一人的尊严的真正形式……我们不仅要在我们的大陆联盟保障我们欧洲已经得到的种种自由,也要将这些自由的益处播撒给世间诸人"。②

冷战结束后,随着经济全球化的加速拓展、联合国层面人权事业的不断发展和欧盟的不断扩大,欧盟对自己的

---

① Council of the European Union, "Consolidated Versions of the Treaty on European Union and the Treaty on the Functioning of the European Union", Article 2 and Article 3, Brussels, April 15, 2008.

② Denis de Rougemont, Quoted by Jacques Delors in His Address of 17 October 1989 to the College d'Europe in Bruges, http://www.ena.lu/address_given_jacques_delors_bruges_17_october-1989-020004200.html, last accessed on 24 November 2016; See Albert Bressand, "Between Kant and Machiavelli", *International Affairs*, Vol. 87, No. 1, 2011, p. 62.

外交理念愈加自信。2003年，欧盟委员会出台的"欧洲安全战略"声明："欧洲应当准备分担全球的安全责任，建设一个更加美好的世界……建设一个更有力的国际社会，完善国际机制，建设一个以规则为基础的国际秩序是我们的目标……扩展良治、支持社会和政治改革、惩治腐败和滥用权力的行为、建设法治和保护人权是加强国际秩序的最佳途径。"① 就中东北非地区而言，欧盟自20世纪90年代起，陆续推行了"欧洲—地中海伙伴关系"（1995年启动，又称"巴塞罗那进程"）、"欧洲睦邻政策"（2003年开始纳入中东北非地区）和"地中海联盟"（2008年由法国倡议建立）等制度性计划，在与地中海南岸和西岸国家的贸易、援助协定中加入民主和人权等政治性条款，以财政支持和参与欧盟内部市场等手段鼓励这些国家进行经济结构性改革和法制、民主政治体制改革，向欧洲"趋同"。其背后的潜在台词是"西方主导的全球化的胜利，是历史的终结，欧盟将成为未来世界秩序的模范"，周边国家也需要走上"自由世界"的民主和市场经济的转型之路。②

---

① European Union, "A secure Europe in a Better World: European Security Strategy", December 2003, https://www.consilium.europa.eu/uedocs/cmsUpload/78367.pdf.

② Ulrich Speck, "EU Faces Tough Choices in the Neighbourhood", https://euobserver.com/opinion/128728，转引自金玲《难民危机背景下欧盟周边治理困境及其务实调整》，《当代世界与社会主义》2016年第6期。

不过这一时期，尽管欧盟在价值观上不喜欢中东北非地区的"非自由民主国家"政权，出于维护自己周边安全稳定的现实考量，它的地区政策依然相对审慎。但2010年年底突尼斯的"茉莉花革命"开启中东北非地区的政治动荡，埃及、利比亚、也门、叙利亚等国相继爆发"革命"之后，欧盟的"世界主义"理念开始压制结果主义（包括功利主义）思维，其中东北非政策开始"激进化"。2011年，继法国和英国之后，欧盟也很快开始支持阿拉伯各国国内反对派，"扶助"各国的"民主化"进程。时任欧盟官方智库欧盟安全研究所所长的阿尔瓦多·德瓦斯康赛罗斯乐观地称，如果这一波民主转型成功，"我们就不再无法谈民主的'阿拉伯例外论'了，在阿拉伯地区我们也可以看到民主是可能的"。[1] 2011年3月叙利亚国内冲突发生前后，欧盟委员会连续发表两份以促进"民主"为目的的欧盟新伙伴关系文件，[2] 更改了欧盟对这一地区既

---

[1] Leigh Phillips, "EU to Cairo: Respect 'Legitimate Yearnings' of Citizens", *Euobserver*, January 26, 2011.

[2] European Commission and High Representative of the Union for Foreign Affairs and Security Policy, "A Partnership for Democracy and Shared Prosperity with the Southern Mediterranean", Brussels, March 8, 2011, COM (2011) 200 Final; European Commission and High Representative of the Union for Foreign Affairs and Security Policy, "A New Response to a Changing Neighborhood", Brussels, May 25, 2011, COM (2011) 303.

第一章 叙利亚内战与欧盟

有的以地区稳定为核心的战略目标,将其转为促进该地区的"深度民主"。2011年5月,欧盟不经过联合国,启动了对叙利亚实施的经济制裁和武器禁运,动用自己的政策工具向叙利亚总统巴沙尔·阿萨德施压,要求他停止暴力"镇压"发生在德拉地区的抗议和游行示威活动。① 到2012年6月,欧盟外交与安全事务高级代表阿什顿以及法、德、英等成员国首脑纷纷表示阿萨德政权已经丧失合法性,阿萨德应当下台②;在法国时任总统奥朗德2012年6月放出"不排除对叙利亚动武"的说法后,欧洲议会重要议员、比利时前首相伏思达9月11日敦促欧盟军事干涉叙利亚。他表示,鉴于美国国内目前忙于大选,欧盟必须"站在打击巴沙尔政权的最前沿",用不着等待美国人,欧盟可以单独在叙设置"禁飞区",③ 复制利比亚模式。2012年,欧盟开始积极扶植培养叙利亚的反对派,认可"叙利亚全国委员会"为叙利亚人民的合法代表,认为

---

① Iana Dreyer and Jose Luengo-Cabrera, "On Target? EU Sanctions as Security Policy Tools", *EUISS Reports*, No. 25, September 2015, p. 67.

② 2012年6月12日,欧盟外交与安全事务高级代表凯瑟琳·阿什顿称大马士革已经丧失了所有的合法性。参见焦翔等《大马士革安全局势急转直下,西方加大施压力度》,《人民日报》2012年6月14日。

③ 刘睿、葛元芬:《法外长帮多名叙高官叛逃,欧盟对叙动武声音浮现》,《环球时报》2012年9月13日。

"各反对派组织必须团结起来为建立一个民主、多元、稳定和保障人权的新叙利亚进行和平斗争"。欧盟在干涉叙利亚内政的道路上越走越远。

在2014年"伊斯兰国"崛起之前的叙利亚内战第一阶段,欧盟的外交理念可称为"激进化的世界主义"。之所以称其为"激进化",是因为这种世界主义甚至已经违反其哲学根源——康德在《永久和平论》中的论断。康德的《永久和平论》一书明确将"任何国家均不得以武力干涉其他国家的体制和政权"列为"国与国之间永久和平"的6条先决条款中的一条(第5条),他写道:"如果一个国家由于内部的不和而分裂为两部分,每一部分都自命为一个单独的国家,声称着代表全体……只要这种内争还没有确定,则这一外力干涉就会侵犯一个仅仅纠缠于自己内部的病症却并不依附任何别人的民族的权利了;因此它本身就构成一种既定的侮辱并使一切国家的独立自主得不到保障。"[①] 虽然,在欧盟和美国的推动下,2005年联合国首脑会议通过了决议:每个联合国会员国均有保护其平民的责任,如果会员国未能保护其平民,在种族灭绝、战争罪、种族清洗和反人类罪情形下,国际社会有采取各种措

---

① [德]康德:《历史理性批判文集》,何兆武译,商务印书馆1990年版,第104—105页。

施帮助保护平民的责任。① 但欧盟及其法英等成员国在叙利亚平民伤亡事件没有进行全面客观调查的情况下，就选边站队，没有联合国授权就拟以阻止大规模人道主义灾难的名义军事干涉叙内政，并公开支持反政府武装，扶植反对派力量，这是对康德思想的一种背离，是武断的、带有"文明的使命"（mission civilisatrice）② 色彩的右倾世界主义理念。

在叙利亚内战的第二阶段，欧盟的世界主义遭遇到另一种更加极端的世界主义——以"伊斯兰国"为载体的伊斯兰极端主义思想。"伊斯兰国"首领巴格达迪2012年7月曾表示，叙利亚这个国家应该从地图上抹去，他呼吁实施"伊斯兰教法"（sharia），建立"乌玛"（ummah），③消除第一次世界大战期间英国和法国殖民者签订的"赛克斯—皮科协议"所画下的叙利亚边界，去除邪恶的民族主义和可恨的爱国主义，将人们带回"伊斯兰国"。"伊斯兰国"不承认人为划定的边界，除了伊斯兰之外不相信任何

---

① "2005 World Summit Outcome", General Assembly of United Nations, paras. 138 and 139, A/60/L. 1, September 15, 2005.

② Karoline Postel-Vinay, "The Historicity of European Normative Power", in Zaki Laidi ed., *EU Foreign Policy in a Globalized World: Normative Power and Social Preferences*, Oxon: Routledge, 2010, p. 45.

③ "乌玛"指突破了阿拉伯氏族、部落的血缘关系，以宗教和地区为社会组织的基础的政教合一的穆斯林公社式的政权。

国家属性。① 伊斯兰极端思想的传播也展现出全球化的特征，投奔 IS 的圣战者比过去 20 年加入恐怖组织的人还多，② 欧洲、美国等西方世界已有数千人（包括穆斯林和非穆斯林）购买单程机票飞到土耳其，再转乘大巴到达叙利亚和伊拉克与土耳其的边境，加入叙利亚和伊拉克的"圣战"。③ 数百名参加过叙利亚战争的极端分子返回欧洲，图谋在欧洲发动"圣战"。2015 年 1 月和 11 月巴黎两次遭到恐怖袭击，2016 年 3 月布鲁塞尔发生恐怖袭击案，以及相当数量的小型袭击和恐袭预谋策划中都有这些"出口转内销"圣战分子的身影。④

---

① Jeremy M. Sharp and Christopher M. Blanchard, "Armed Conflict in Syria: US and International Response", Congressional Research Service, August 21, 2012, p. 8.

② Nicholas J. Rasmussen, Director, National Counterterrorism Center (US), "Hearing before the House Committee on Homeland Security 'Countering Violent Islamist Extremism: The Urgent Threat of Foreign Fighters and Homegrown Terror'", February 1, 2015.

③ 2016 年 2 月美国国家安全局局长詹姆斯·克拉珀（James Clapper）在美国参议院军备委员会接受质询时表示，至少有 6600 名西方人在 2012 年后加入"伊斯兰国"。James R. Clapper, "Worldwide Threat Assessment of the US Intelligence Community", Statement for the Record, Senate Armed Services Committee, February 9, 2016, p. 5, http://www.armed-services.senate.gov/imo/media/doc/Clapper_02-09-16.pdf。

④ Lydia Khalil and Rodger Shanahan, "Foreign Fighters in Syria and Iraq: The Day after", *Lowy Institute Analysis*, Lowy Institute for International Policy, September 2016, p. 9.

第一章 叙利亚内战与欧盟

更重要的是,欧盟激进的世界主义理念忽略了维持叙利亚和平与秩序的意义,在叙利亚无情而复杂的地缘政治现实面前反而证明了如亨利·基辛格这样的现实主义者"和平是最大的道德"论断①的正确。到2013年,中东北非地区的政治动荡已经变成"阿拉伯之冬"和"阿拉伯叛乱",②叙利亚内战不断升级,变成美国、俄罗斯、伊朗、土耳其、沙特等全球大国和区域大国的"代理人战争",并滋生和助长了比"基地组织"更为残忍的恐怖组织——"伊斯兰国"的崛起。40多万人在叙利亚政府军、反政府武装和"伊斯兰国"等极端组织的混战中失去生命,上千万人为躲避战乱离开家园,引发了冷战后世界规模最大的流亡潮。欧盟为了防止人道主义灾难的行动反而促成一场第二次世界大战后最大的人道主义灾难。③ 自2015年开始,大批叙利亚难民开始涌向欧洲,成为冲击欧盟的"欧

---

① 转引自[美]约瑟夫·奈《软权力与硬权力》,门洪华译,北京大学出版社2005年版,第59页。

② 2014年,叙利亚总统巴沙尔在连任总统后宣告中东北非地区的政治动荡已结束。但中东北非地区的政治动荡的所谓"民主化"进程在2013年就已停滞,参见 Tanja A. Boerzel, Assem Dandashly and Thomas Risse, "Responses to the 'Arabellions': The EU in Comparative Perspective-Introduction", *Journal of European Integration*, Vol. 37, No. 1, 2015, pp. 1 – 17。

③ 欧盟委员会网站坦承,叙利亚冲突已经引发"二战"后世界最大的一场人道主义危机,http://ec.europa.eu/echo/files/aid/countries/factsheets/syria_en.pdf。

洲难民危机"的重要组成部分。据欧盟统计局的数据,截至 2016 年 6 月底,拟在欧盟范围内申请难民庇护的 110 万人,其中 30% 来自叙利亚。① 欧盟及以德国为首的欧盟成员国秉承世界主义理念敞开双臂欢迎难民,却再一次证明理想在现实面前的"脆弱":欧盟成员国在接收难民问题上态度不一,匈牙利、波兰、捷克、奥地利公然违反欧盟指令,拒绝接收欧盟分配的难民或自主设定接收难民上限,德国等欢迎难民的国家也陷入一系列难民融入的社会、安全和文化难题之中。难民问题成为英国公民 2016 年 7 月"退欧"公投中选择"脱欧"的重要原因,同时欧洲大陆各国"反移民、反欧盟"极右政党因难民危机声势大涨,甚至直接威胁到欧盟自身的生存。2017 年下半年,欧洲法院(ECJ)裁决斯洛伐克和匈牙利两个东欧国家必须遵守欧盟难民安排协定,斯洛伐克表示服从判决,但匈牙利的欧尔班政府坚决不从。

四 外交政策工具箱的失效

如前所述,欧盟的外交政策工具箱主要是按照民事力量(civilian power)的要求进行配置的:武器禁运和经济

---

① http://ec.europa.eu/eurostat/documents/2995521/7662180/3-22092016-AP-EN.pdf/22f5de3b-b5a8-4195-82fe-3072a4a08146.

第一章 叙利亚内战与欧盟

制裁、人道主义援助、发展援助、支持对象国的"改革"、资助非政府组织、与希望加入自己的国家签署"联系国"协定或与其开展入盟谈判等，是欧盟落实自己外交理念的主要政策工具。

"联系国"协定是欧盟稳定周边、推广自己的理念以及影响那些不可能接纳入欧盟的对象国最有效的工具。叙利亚也曾是"欧盟睦邻政策"的框架成员国，2008年欧盟曾与叙利亚签署联系国协议草案，草案列出了叙利亚需修改关税规则，进行制度变革等内容。2008年7月，叙利亚阿萨德政府在巴黎也参加了"地中海联盟"的启动进程。但在2009年10月，当欧盟理事会同意与叙利亚签署"联系国协定"时，阿萨德的回应却是"需要更多时间来核查此协议"，叙方按下了暂停键。到2011年叙利亚危机爆发，欧盟决定冻结此项协定。[1] 至此，双方均无意推进双边关系的制度化进程，欧盟外交政策工具箱中的此一"利器"未能出炉发挥作用。

在叙利亚危机中，欧盟主要使用了制裁、外交孤立和人道主义援助三种工具，以发挥自己贸易性力量、规范性力量和联系节点的特点，但这三种外交政策工具却均未收到预期成效。

---

[1] Iana Dreyer and Jose Luengo-Cabrera, "On Target? EU Sanctions as Security Policy Tools", *EUISS Reports*, No. 25, September 2015, p. 73.

◆ 叙利亚内战与欧洲

1. 强化对叙利亚阿萨德政府的经济制裁和武器禁运

叙利亚经济主要依赖石油出口，而欧洲是叙利亚的主要销售地，叙约95%石油的出口目的地是法国、意大利、荷兰、奥地利等欧洲国家，所以欧盟认为经济制裁可以有效向巴沙尔政权施压，实现人道主义保护和使巴沙尔下台等外交目标。

欧盟对叙利亚的制裁大致可以分为三个阶段：第一阶段是2011年5—8月，这一时期欧盟对叙的制裁属于"定点"制裁，制裁内容包括两项：一是实行武器禁运，二是对包括总统巴沙尔·阿萨德在内的23名高级官员、高级将领、情报主管实行限制性措施（冻结资产、实施旅行禁令等），中心目的是迫使阿萨德政府停止"镇压"行动。2011年9月，欧盟开始对叙利亚实施第二阶段的制裁，其目标已经升级为逼迫阿萨德下台，或是叙利亚现政权发生内部政变。① 欧盟的制裁措施更加严厉，包括禁止成员国从叙利亚进出口石油、与叙利亚进行黄金等贵金属交易，冻结叙利亚中央银行的资产，增加实行限制性措施的叙利亚个人清单等。美国同期也推出了类似制裁措施。欧美的制裁取得一定的效果，叙利亚对欧盟的出口下降90%，进

---

① Paul Danahar, *The New Middle East: The World after the Arab Spring*, London: Bloomsbury, 2015, p. 382.

· 26 ·

口降低了61%,① 到2013年7月,叙利亚经济比内战前缩水45%,失业率上升五倍,叙利亚货币——叙利亚镑贬值为原有币值的六分之一。② 叙政府军一些军官叛逃,成立了叙利亚自由军,成为叙利亚反政府军的主要组成部分。但与此同时,叙利亚政府开始逐步调整政策适应制裁,将其经济结构转为"战时经济",开展"向东看"运动,鼓励叙利亚商人去伊朗、伊拉克、印度和中国寻找商业合作机会。同时在金融领域,叙利亚的企业绕开西方制裁,在俄罗斯和伊朗的银行开设户头进行交易。总体来看,叙利亚政府采取"对冲"经济战略,通过多元化分散经营,重建起生产和贸易,大大冲销了欧盟、美国和海湾阿拉伯国家对叙实施的全球性或地区性经济制裁的效力。从2013年开始,欧盟的制裁进入混乱的第三阶段,欧盟制裁的核心目标已经不再明确:一方面,欧盟没有放松推翻巴沙尔政权的既定目标,但在具体制裁措施方面,因为叙利亚反对派已经占领很大比例的叙利亚油田,所以欧盟解除了对反对派控制区域的出口限制。此外,当黎巴嫩真主党武装加入战局后,欧盟将黎巴嫩真主党也加入到恐怖组织名单

---

① Iana Dreyer and Jose Luengo-Cabrera, "On Target? EU Sanctions as Security Policy Tools", *EUISS Reports*, No. 25, September 2015, pp. 68 – 71.

② Anne Bernard, "Syria Weighs Its Tactics as Pillars of Its Economy Continue to Crumble", *The New York Times*, July 13, 2013.

中。另一方面，随着"伊斯兰国"的崛起，部分抵抗阿萨德政府的反政府武装加入"伊斯兰国"所谓"创建全球伊斯兰哈里发"的运动之中，欧盟对叙利亚外交政策的核心目标开始转向反恐，特别是打击"伊斯兰国"，所以它又放缓了列入制裁阿萨德政府名单的新自然人和法人的数量和频率。

整体来看，欧盟对叙利亚的制裁无疑对阿萨德政权产生了明显的负面影响，但没有达到威胁其政权生存的程度。在西方和逊尼派阿拉伯国家之外，叙利亚政府找到了新的经济合作伙伴和贸易对象。同时，"伊斯兰国"等恐怖组织的暴行，也使得叙利亚国内的企业界人士害怕接受一个恐怖政权的统治，因而更加认同阿萨德政府，愿意与政府站在一起，这使得欧盟制裁的效力大打折扣。此外，欧盟自己的政策目标在反恐和推翻阿萨德政权之间游移，也降低了叙利亚民众对欧盟和西方制裁的信心。最后，欧盟和美国的制裁大大增加了西方对叙进行人道主义救援的难度，联合国西亚经济社会委员会的一份内部评估报告指出，美欧对叙银行业的制裁导致人道主义组织几乎无法将资金转入叙利亚。贸易制裁则使得援助组织在向叙利亚民众提供医疗用品等必需物资前，必须向美欧主管行政部门申请特殊许可证，但欧美行政部门的官僚作风经常让人道主义组织不得不花高价聘请律师通过诉讼争取许可证，律师费常常高过援助物资的价值。欧美的制裁反而方便了拥有或熟悉地下经济和规制网络的"伊斯兰国"和基地组织等恐怖组织转移资金和进行交易。①

2. 外交孤立叙利亚现政府，动用除军事手段之外的多种方式帮助反对派

首先，在联合国层面，从2011年10月法国、英国、葡萄牙和德国在安理会提交谴责和制裁叙利亚政府草案开始，截至2017年2月，欧盟的部分成员国和美国联合阿拉伯联盟等地区组织和海湾国家共七次在联合国安理会提交干涉叙利亚内政问题草案，其中包括谴责叙利亚政府违反人权、使用化学武器、要求国际刑事法庭起诉阿萨德政府官员、对叙利亚政府实施武器禁运和全面制裁等内容。但七次表决，俄罗斯均予以否决，中国除了2016年10月对法国提交的提案投了弃权票外，其余6次均与俄罗斯一起投下反对票。两国均认为在人道主义灾难问题没有调查清楚，而且叙利亚反对派中混有大量恐怖分子的情况下，贸然制裁是不恰当的。另外，也有西方外交官认为，利比亚危机中英国、法国和美国过度解释联合国安理会第1973号决议"采取一切必要措施"，

---

① Justine Walker, "Study on Humanitarian Impact of Syria-Related Unilateral Restrictive Measures", A Report Prepared for the United Nations Economic and Social Commission for Western Asia "National Agenda for the Future of Syria", May, 16, 2016.

◆ 叙利亚内战与欧洲

直接军事打击卡扎菲政府军队的行为使得中俄对英法美失去了信任。①

其次，给予叙利亚反对派合法性地位。欧盟在2012年3月23日的外长会议结论中提出：它"愿意接触所有坚持非暴力、包容和民主价值的叙利亚反对派，支持它们发表一份具有广泛性和包容性的纲领"；欧盟很快将主要由流亡海外的叙利亚人组成，没有国内根基的"叙利亚全国委员会"（SNC）② 树立为叙利亚的合法政权，积极支持法国总统萨科齐筹办的"叙利亚人民之友"国际会议。2014年6月，巴沙尔·阿萨德在叙利亚总统选举中获胜，再次连任。欧盟对此发表声明说，这一选举结果不能算是"真正的民主投票过程"。但是，叙利亚反对派的组成极其复杂，没有形成一支统一的力量，欧盟和西方扶植的"叙利亚全国委员会"（2011年9月成立，12月下设"叙利亚全国联盟"）在当地并不具权威，最大的反政府军组织都不愿意接受其领导。③ 而且叙利亚反政府军并非全部都是温和派或民族主义的世俗派，近一半反对阿萨德的力量是

---

① Paul Danahar, *The New Middle East: The World after the Arab Spring*, London: Bloomsbury, 2015, pp. 392 – 393.

② 叙利亚全国委员会的第一任主席伯翰·加利昂是居住在巴黎的大学教授。

③ Paul Danahar, *The New Middle East: The World after the Arab Spring*, London: Bloomsbury, 2015, p. 406.

伊斯兰极端分子，①比如"努斯拉阵线"2014年就加入了"伊斯兰国"，他们反过来开始杀戮叙利亚温和反对派派别。

最后，向叙利亚反对派提供技术和人力支持。欧盟许诺"一旦发生真正的民主转型，欧盟就与叙利亚在各互利领域发展新的、规模宏大的伙伴关系，包括启动援助、加强贸易和经济关系，以及支持叙利亚的司法和政治转型"。②德国和美国一道，在约旦的营地里训练叙利亚反对派士兵，英国情报机构和美国中央情报局紧密合作，为叙利亚温和派反政府力量，甚至部分思想极端、后来投奔"伊斯兰国"的反政府军提供武器和进行技术培训，他们中间的很多人拿着西方武器走上"圣战"之路，反而让欧盟处于恐怖袭击的危险之中。

3. 人道主义及其他援助

截至2017年1月，欧盟整体（欧盟及其成员国）向叙利亚及邻近地区提供了超过94亿欧元的援助，是叙利

---

① Ben Farmer and Ruth Sherlock, "Syria: Nearly Half Rebel Fighters are Jihadists or Hardline Islamists, Says HIS Jane's Report", *Telegraph*, September 15, 2013.

② European Council, "Council Conclusions on Syria", 3183rd Foreign Affairs Council Meeting, Brussels, July 23, 2012, http://www.consilium.europa.eu/uedocs/cms_Data/docs/pressdata/EN/foraff/129234.pdf。

亚危机和内战最大的援助提供方。① 欧盟机构筹集了超过9亿欧元的资金援助叙利亚，其中6亿欧元用于人道主义救援，向交战地带和受围困的民众提供食物、紧急医疗用具、药品、帐篷、饮用水和卫生用品，支援联合国儿童基金会（UNICEF）防治儿童脊髓灰质炎的活动。欧盟还向土耳其、约旦和黎巴嫩的叙利亚难民营中超过115万叙利亚难民提供生活必需品、医药和心理辅导等物资和人力支持②。但欧盟的人道主义救援资金在巨大数量的难民面前显得"杯水车薪"。黎巴嫩的难民人数达100万人，占黎巴嫩总人口的22%；约旦的难民人数为60万人，占约旦总人口的9%，土耳其接纳了270万难民，为其总人口的3%。2015年在大量叙利亚难民涌向欧洲后，欧盟开始着力通过增加援助的方式稳定土耳其的情绪，2016年3月与土耳其签署难民协议，承诺向土提供30亿欧元资金，改善土境内的难民生活处境，并许诺2018年年底前再启动额外的30亿欧元资金③。不过在土耳其2016年7月发生未遂政变，土耳其总统埃尔多安启动宪法改革后，欧土关系急转直下，欧盟的援助资金拨付也就出现了问题。

---

① European Commission, "Elements for an EU Strategy for Syria", JOIN (2017) 11 final, Strasbourg, March 14, 2017, p. 4.
② Ibid..
③ 参见 http：//www.euractiv.com/section/justice-home-affairs/news/eu-and-turkey-agree-on-3-billion-refugee-deal/。

除了人道主义救援资金之外，欧盟还动用了其他政策工具的预算援助叙利亚反对派控制的地区，如使用"欧盟睦邻政策"项下的资金资助教育、地方治理、公民社会建设；使用"发展合作工具"提高叙利亚部分地区的食品安全程度。欧美还使用"稳定与和平"工具和"欧洲民主和人权工具"援助叙利亚公民组织，支援所谓的"人权捍卫者"的活动。在欧盟委员会2017年3月推出的"欧盟叙利亚战略"中，欧盟表示将"继续向叙利亚的促进民主、人权和言论自由的公民社会组织提供实质性支持"，在反对派控制的区域帮助建设地方民事治理结构，如筹建地方议会和其他行政管理机构，提高政府部门服务的透明度、参与性和负责程度，防止民事政府被军队干政等。①欧盟的这些基础性民事建设投入着眼长远，并带有鲜明的欧洲价值理念，但它们无法对叙利亚战局产生决定性影响。

五 结论及展望

本章从实力、理念和政策工具三个角度切入分析了欧盟为何在叙利亚内战中沦为"二流角色"的过程。叙利亚内战充分暴露出欧盟硬实力不足的短处，在美国奥

---

① European Commission, "Elements for an EU Strategy for Syria", JOIN (2017) 11 final, Strasbourg, March 14, 2017.

◆ 叙利亚内战与欧洲

巴马政府于中东地区实行战略收缩、不愿牵头进行军事干涉之后,欧盟和法英等成员国无力单独贯彻其推翻叙利亚阿萨德政府的战略目标。当伊朗和俄罗斯实质性介入叙内战、直接援助叙政府军后,包括法国在内的欧盟国家更是忌惮与俄伊等军事强国发生直接冲突的风险,不得不后退一步,使得西方在叙利亚陷入"无领导"窘境。2017年1月,在俄罗斯、伊朗和土耳其的担保下,叙利亚政府与反对派在阿斯塔纳举行和谈,西方没有参与这一重要和谈进程,反映出叙利亚政府军在战场上的优势地位。从实力角度来看,西方能否翻转叙利亚局势,决定因素不是欧盟,而是美国特朗普政府的态度和解决思路。

欧盟的外交理念是一种"后现代主义"思维,[①] 但这种"世界主义"的欧盟规范在当今世界的推广具有地域性的限制,而且需要一定的制度和物质条件。"欧洲化"比较成功的国家,均位于欧盟的周边,比如巴尔干地区国家,或者是已经加入了欧盟的中东欧诸国,这些国家并非单纯只是受到欧盟"世界主义"理想的感召,欧盟向它们展示了"变为欧盟成员国的诱惑",并以结构基金和聚合基金等政策工具对其进行经济援助后,经济考量是这些对

[①] [英]罗伯特·库珀:《和平箴言:21世纪的秩序与混乱》,吴云、庞中英等译,北京大学出版社2007年版。

第一章　叙利亚内战与欧盟

象国倒向欧盟不可忽视的因素。① 但历史证明，叙利亚所在的中东地区并非欧盟发挥软实力的合适"场域"，中东北非地区的政治动荡反而酿就利比亚的无政府状态、突尼斯政局不稳、埃及重回军人统治、叙利亚与也门陷入血腥内战，极大地损害了欧盟和美国在阿拉伯地区的信誉；曾被欧美视为合作范例的利比亚战争已经成为失败干预的典型，② 叙利亚内战中"伊斯兰国"极端恐怖势力的壮大也从一个侧面表明欧盟的世界主义规范在中东没有足够的吸引力。

欧盟及其成员国的各种民事政策工具未能有效维护自己的安全和社会利益，叙利亚还成为酿造欧洲难民危机的主要源头，欧盟对此也进行了反思。欧盟对外行动署 2016 年 6 月出台新的"欧盟外交与安全全球战略"，提出要以"有原则的务实主义"指导欧盟未来的对外行动，指出欧洲安全秩序的核心是主权、独立和国家的领土完整，边境的不可侵犯和争端的和平解决；报告还提出了比较偏向安

---

① Frank Schimmelfennig, "The Community Trap: Liberal Norms, Rhetorical Actions and the Eastern Enlargement of the European Union", *International Organization*, Vol. 55, No. 1, 2001, pp. 47–80; 赵晨：《欧盟如何向外扩展民主：历史、特点和个案分析》，《世界经济与政治》2007 年第 5 期，第 14—21 页。

② 美国前总统奥巴马 2014 年 8 月承认利比亚干预行动是一场巨大的错误。参见 Barack Obama, "Obama on the World", *New York Times Video*, August 8, 2014。

全和国家管理能力的"韧性"概念,指出"一个有韧性的国家就是一个安全的国家,而安全是繁荣和民主的核心要素",认为欧盟需要着力帮助周边及中亚、中东北非等不稳定地区国家和社会的"韧性"建设,而不再着力宣扬所谓的"民主"和"良治";报告也意识到"积极的变化只能从自己家中产生,而且需要多年才能成熟",所以欧盟要避免不成熟的提前介入①。至少从欧盟对外行动署的表态来看,稳定和安全已经取代人权和民主成为欧盟首要考虑要素,欧洲过于浪漫和理想化的世界主义出现了退潮。

---

① European Union, "Shared Vision, Common Action: A Stronger Europe: A Global Strategy for the European Union's Foreign and Security Policy", June 2016, https://europa.eu/globalstrategy/sites/globalstrategy/files/regions/files/eugs_ review_ web. pdf.

第二章 法国的叙利亚政策

叙利亚内战爆发后,法国同美国、俄罗斯等大国以及沙特等中东海湾国家纷纷干预或介入叙利亚国内局势和中东地区事务。在欧盟国家中,尤其是法国作为叙利亚的前宗主国和具有"大国情结"的国家干预叙利亚的态度更为坚决、政策更为激进,在叙利亚内战问题中表现颇为高调。本章将首先梳理叙利亚内战期间法国的对叙政策,然后全面分析影响法国对叙政策演变的内外因素,并对法国的硬实力和软实力情况做一检视,最后简要探讨法国对叙利亚政策的未来走向。

一 叙利亚内战中的法国:政策概述

在中东北非地区的政治动荡中,法国的表现比较突出,例如曾积极实施了军事打击利比亚卡扎菲政权的行动。2011年叙利亚内战爆发后的几年里,法国的态度更积极、立场更强硬、表现更突出和激进。例如，法国一度强烈要求叙利亚总统巴沙尔·阿萨德（Bashar al-Assad）下台，在西方国家中第一个承认叙反对派（"全国联盟"）并积极援助和武装叙反对派，还曾在叙利亚发生化武危机时扬言对叙动武，等等。但到了2015年，在欧洲面临难民危机以及巴黎遭遇系列恐怖袭击的背景下，法国的叙利亚政策有所调整：不再坚持巴沙尔必须下台，而是将反恐作为优先任务，在伊拉克和叙利亚等国境内实施打击"伊斯兰国"的空袭行动。下面，让我们梳理一下2011—2017年法国在叙利亚内战中的政策。

1. 政治施压：要求巴沙尔下台

在过去七年里，法国等西方国家将这场叙利亚危机视为中东北非地区的政治动荡的组成部分，通过呼吁巴沙尔下台、支持叙反对派等手段，试图在叙利亚建立西方式的民主体制，从而推进实现对中东的所谓"民主化"改造。

2011年3月，叙利亚的反政府抗议迅速升级为一场动摇巴沙尔政权的政治危机，随后叙利亚局势陷入内战。4月，法国时任总统尼古拉·萨科齐（Nicolas Sarkozy）一方面呼吁叙当局停止针对抗议者的"暴力镇压"，另一方面则表示没有联合国安理会的决议，任何国家都不会介入叙利亚局势。事实上，叙利亚内战爆发初期，法国看似"克制"的表态背后，乃是担心如果巴沙尔政权垮台将造成叙利亚出现权力真空，进而可能引发更为深远的动荡影响。①但随着叙利亚局势的恶化，法国很快就改变了"温和"的立场，不断声称巴沙尔政权已失去合法性。例如，2011年8月，法国与美、英、德等西方国家一致要求巴沙尔下台；2012年1月，萨科齐再次要求巴沙尔下台，指责后者领导了"屠杀"叙利亚人民的行动，并呼吁国际社会对叙利亚采取严厉的制裁措施。同年2月，法国还决定召回其驻叙大使，以抗议巴沙尔对其民众的镇压行动。法国同美、英等西方盟友一道不断施加政治压力的目的，就是要试图通过逼迫巴沙尔下台以在叙利亚建立符合西方意愿的"民主政府"。

2. 经济施压：积极推动和扩大对叙制裁

法国同美国一道在各种场合推动和协调对叙利亚的政策立场，采取了一系列针对巴沙尔政权的制裁政策。例如，2011年4月和8月，法国和美国先后宣布对叙利亚实施"人权制裁"和经济制裁。在联合国层面，2011年10月法国在美国幕后支持下联合英国、德国等向安理会提交决议草案，呼吁国际社会支持欧美等西方国家对叙政府进

---

① B. Mikail, "France and the Arab Spring: An Opportunistic Quest for Iinfluence", *FRIDE Working Paper*, No. 110, Oct. 2011, pp. 6 – 7, http://fride.org/download/wp110_france_and_arab_spring.pdf.

行制裁。

在欧盟层面，萨科齐主张欧盟要在中东北非地区发挥更大作用，支持欧盟关于该地区事态的声明，① 法国还积极推动和支持欧盟对叙利亚采取的各项制裁措施。② 在法国的努力推动下，欧盟不断加大制裁叙利亚的力度，从经济方面对巴沙尔政权施压。自2011年5月首次决定对叙利亚实施制裁后，欧盟不断加大对叙政府的制裁力度，包括：禁止向叙利亚出口武器或可用于国内镇压的装备，限制巴沙尔等叙高官入境并冻结他们的海外资产，以及要求欧洲投资银行暂缓在叙利亚的融资活动等。③ 2012年10月，欧盟决定禁止成员国进口叙利亚原油、石油产品和武器，禁止欧盟企业向叙利亚出口武器、军用产品等。此后，法国与欧盟对叙利亚实施了更严厉的经济制裁：欧盟分别在2013年5月和2014年5月两次决定延长对叙制裁的期限，试图先从经济上把叙利亚搞垮、以较低成本推翻

---

① B. Mikail, "France and the Arab Spring: An Opportunistic Quest for Influence", p. 7.

② 自2011年5月9日到2012年10月15日的17个月中，欧盟对叙利亚实施了近20轮的经济制裁，涉及个人和企业的财产、能源、金融、设备、武器以及日常生活用品等领域。参见张金荣、詹家峰《欧盟对叙利亚的经济制裁及影响》，《当代世界》2013年第6期，第38页。

③ 《欧盟决定扩大对叙利亚制裁》，新华网，2011年11月15日，http://news.xinhuanet.com/world/2011-11/15/c_122279201.htm。

巴沙尔政权。然而，由于欧盟对叙制裁面临"行动一致"问题的困境和其他内外因素的干扰，对叙制裁政策的效果总体上并不成功。①

总之，在西方国家采取并扩大一系列制裁叙利亚的措施方面，法国在联合国和欧盟等层面上都发挥了积极的推动作用，在经济上不断加大对巴沙尔政权施压的力度。

3. 外交孤立：承认叙反对派

在对巴沙尔政权进行政治和经济施压的同时，法国还通过承认并支持叙反对派来对巴沙尔政权实施外交孤立政策，其态度甚至比美国、欧盟、阿盟以及沙特等更为积极。2012年2月，由美国、欧盟和阿盟主导的"叙利亚人民之友"会议承诺支持叙利亚反对派，包括2011年9月成立的"叙利亚全国委员会"（Syrian National Council）以及此后成立的"叙利亚反对派和革命力量全国联盟"（National Coalition of Syrian Revolution and Opposition Forces，简称Syrian National Coalition，"全国联盟"，系"叙利亚全国委员会"下设机构）②。法国赞同阿盟国家支持叙反对派

---

① 郭振雪：《欧盟在叙利亚危机中的制裁行为分析》，《和平与发展》2013年第1期，第82—91页。

② 2012年11月12日，海湾六国（沙特、巴林、阿联酋、阿曼、卡塔尔和科威特）、北约、阿盟、美国、欧洲国家分别先后承认或表态支持"全国联盟"。

的立场，试图在外交上进一步孤立巴沙尔政权。

弗朗索瓦·奥朗德（François Hollande）接替萨科齐上台后，法国对叙利亚问题的态度更为强硬、立场更为激进。2012年5月，法国与美国等西方国家指责巴沙尔政权制造了屠杀胡拉镇平民事件，① 先后宣布驱逐叙利亚驻本国的大使和（或）外交官，② 法国和叙利亚的关系从此跌入低谷。③ 同年8月，奥朗德在发表对外政策演说时，呼吁叙利亚反对派成立临时政府，并许诺会予以承认。奥朗德就此成为第一个公开呼吁叙利亚反对派组建临时政府的西方国家领导人。11月11日，叙利亚反对派签署了一项有关建立反对派和革命力量全国联盟的协议，以整合所有反对派力量。两天之后的11月13日，奥朗德就在其上台后的首次新闻发布会上公开表态说："我宣布法国承认叙利亚全国联盟为叙利亚人民的唯一代表，因此也是一个将取代巴沙尔·阿萨德政权的未来民主叙

---

① 2012年6月，联合国人权理事会通过决议，认为叙利亚政府和亲政府民兵对胡拉镇屠杀事件负有责任。

② The Huffington Post, "Hollande: Syria Ambassador to France being Expelled", May 29, 2012, http://www.huffingtonpost.com/2012/05/29/syria-ambassador-france-expelled-hollande_n_1552035.html, last accessed on 4 April 2017.

③ 在本章写作时，法国驻叙利亚大使馆和叙利亚驻法国大使馆的官网都已停止更新。参见 http://www.ambafrance-sy.org/spip.php?rubrique=1。

第二章 法国的叙利亚政策

利亚的临时政府。"① 在奥朗德发表此番言论之前,仅有海湾6国正式承认了"全国联盟"的"合法"地位,法国则成为第一个承认叙利亚"全国联盟"的西方国家。不久,奥朗德还于17日接见了叙利亚"全国联盟"时任主席穆瓦兹·哈提卜(Mouaz Alkhatib),表示同意"全国联盟"派遣一名"大使"常驻巴黎。这表明,在针对叙利亚内战的外交攻势中,奥朗德又向前迈出了一步,成为首位接见叙利亚"全国联盟"高层的西方国家领导人。法国对"全国联盟"的态度,表明它同海湾国家在反对叙利亚巴沙尔政权,以及承认并支持叙反对派的政策立场上是一致的。随后,欧盟、阿盟(阿尔及利亚、伊拉克和黎巴嫩除外)先后承认"全国联盟"为叙利亚人民的"合法代表"或"阿盟的合法代表和主要对话者";② 而继法国之后,美国也承认"全国联盟"为叙利亚人民的唯一合法代表。③ 由此可见,法国关于巴沙尔政

---

① TIME, "France recognizes Syria's Opposition-Will the West follow Suit?", November 14, 2012, http://world.time.com/2012/11/14/france-recognizes-syrias-opposition-will-the-west-follow-suit.

② European Union External Action, "Gaza, Syria, DRC and Defence on Agenda at EU Foreign Affairs meeting", November 19, 2012, http://eeas.europa.eu/top_stories/2012/191112_fac_en.htm.

③ USA Today, "Obama says U.S. will recognize Syrian opposition", December 12, 2012, http://www.usatoday.com/story/news/world/2012/12/11/al-nusra-designated-terrorists/1760755/.

权的态度更为强硬，政策立场更为激进，其风头甚至超过了美国。

4. 军事援助：资助并武装叙反对派

对于叙利亚反对派，法国除了从政治和外交上予以承认和支持外，还积极向其提供资金和武器等援助。2012年11月，奥朗德表示如果反对派新联盟组建合法过渡政府，法国将考虑输送武器。对此，大部分欧盟国家认为这可能会导致更多流血冲突，因此态度谨慎。事实上，相对很多西方国家而言，法国希望在向叙利亚反对派提供援助方面"走得更快、更远"。例如，2013年在欧洲对叙利亚的武器供应禁令将于5月31日到期的情况下，法国于3月就迫不及待地提出将与英国一起要求欧盟解除武器禁运，以便向叙利亚"抵抗运动成员"提供"自卫"所需的军事物资。法国甚至扬言：如果欧盟不能就解除对叙利亚的武器禁运措施达成一致，将单独向叙利亚反对派提供武器。最终，在法国的要求下，5月的欧盟成员国外长会议决定不再延长禁令，并同意成员国自行决定对叙利亚的武器政策。法国在欧盟成员国中率先解除了对叙武器禁令；不过，直到2014年8月，奥朗德才公开承认法国向叙利亚反政府力量提供了武器，理由是后者面对叙利亚政府军和"伊斯兰国"恐怖势力的威胁。

5. 动武威胁：终被孤立和"抛弃"

叙利亚内战爆发后，法国是第一个提出将对叙利亚进行军事干预的西方大国。例如，2011年11月，法国时任外长阿兰·朱佩（Alain Juppé）就声称不排除对叙利亚采用军事手段。不过，在2012年3月法国却表示反对外国军事干预叙利亚，[1] 其中一个重要原因，乃是萨科齐当时面临法国总统大选并希望赢得连任，因而将主要精力放在国内事务上。然而，最终萨科齐在当年的总统选举中失败而下台，法国对叙利亚政策的接力棒传给了后任的奥朗德政府。

奥朗德上台后，法国对叙利亚政策的立场日趋强硬，多次威胁要进行军事干预。例如，2012年8月，奥朗德表示由于叙利亚冲突已危及世界和平，法国"准备惩罚"叙利亚，并将增加对叙利亚主要反对派"全国联盟"的军事援助。奥朗德还提及联合国2005年的《保护平民责任》决议案，呼吁国际社会对叙利亚问题做出回应，包括加强国际制裁，乃至发动空袭和为反抗军提供武器等。此外，奥朗德在会见叙反对派"全国联盟"领袖阿尔贾巴（Ahmed al-Jarba）时表示，应当尽一切努力寻求政治解决

---

[1] RT, "EU: Military Intervention in Syria Would Be Disastrous", 9 Mar, 2012, http://rt.com/news/eu-diplomats-against-military-intervention-223/.

叙利亚问题的办法，但是政治解决只有在叙反对派具备必要实力，尤其是军事实力从而能够成为"可替代选项"的情况下才能实现。法国国防部则立即做出回应，宣称法国军队已做好对叙利亚动武的准备，只等奥朗德的最后决定。

法国还希望与美国一道对叙动武。2013年8月，叙利亚发生化学武器危机，越过了一年之前美国在2012年8月为对叙利亚动武划定的"红线"。对此，美国声称将对叙利亚实施时间和规模都有限的军事打击，法国随即追随美国，扬言将会马上对巴沙尔政权进行军事干预，而不需要等待联合国结束关于叙利亚政府是否使用化武的调查。[1] 而且，根据法国宪法，总统作为法国武装力量的最高统帅的确有权在不经议会批准的情况下发动战争。[2] 因此，奥朗德当时深信美国必然会"信守诺言"对叙利亚进行军事干预，因此他决定在不寻求法国议会同意的情况下，就同

---

[1] Peter Foster, Raf Sanchez andJon Swaine, "US Plans Attack with Help of 'Our Oldest Ally' …. France", *The Telegraph*, August 30, 2013, http：//www.telegraph.co.uk/news/worldnews/middleeast/syria/10277730/US-plans-attack-with-help-of-our-oldest-ally...-France.html.

[2] Peter Allen, "French Oppose Military Intervention in Syria and Don't Trust Francois Hollande to Carry It Out", *The Telegraph*, August 31, 2013, http：//www.telegraph.co.uk/news/worldnews/europe/france/10278076/French-oppose-military-intervention-in-Syria-and-dont-trust-Francois-Hollande-to-carry-it-out.html.

第二章　法国的叙利亚政策

美国一道对叙利亚发动军事打击。如此一来，在1946年从叙利亚撤军近70年后，法国倘若在2013年真正出兵就会获得一个"重回叙利亚"的机会。

然而，在是否军事干预叙利亚的问题上，法国遭到了美国这位"老大哥"及其他盟友的孤立和"抛弃"。奥朗德发现欧洲其他国家没有对法国的动武倡议予以公开支持。① 很多欧盟成员国都反对未经联合国安理会授权而对叙利亚进行军事干预，由于作为叙利亚盟友的俄罗斯在安理会拥有否决权，所以安理会实际上很难通过军事打击叙利亚的决议。德国明确反对派出军队支持美国领导的轰炸活动，而是希望同巴沙尔政权进行对话，担心后者的崩溃会导致该国出现权力真空，导致恐怖主义势力借此机会扩大地盘，威胁中东和欧洲的安全与稳定。② 从外部来说，俄罗斯担心美国和法国一旦采取军事干涉，将削弱叙利亚政府的军事优势及其抵御反对派进攻的能力。③ 最终，俄罗斯在与美国进行沟通后向联合国安理会提交了关于处理

---

① TIME, "Et Tu Paris? France's Hollande Faces Growing Opposition against Syrian Intervention", September 9, 2013, http://world.time.com/2013/09/09/et-tu-paris-frances-hollande-faces-growing-opposition-against-syrian-intervention.

② 李文红：《德国对叙利亚危机政策的演变及其原因》，《德国研究》2016年第3期，第24—25页。

③ Alexander Shumilin, "The Syrian Crisis and Russia's Approach to the Gulf", *GRC GULF PAPER*, May 2014, p. 5.

叙利亚化学武器的方案,美国在最后时刻放弃了军事打击叙利亚的计划,从而平息了一场可能发生的军事行动,利比亚事件并未重演。法国试图借化武事件,积极发挥自身在叙利亚事务中领导作用的期望最终因美国的"出卖"而落空。

2014年5月,奥朗德访问美国,目的之一就是要消除双方在对叙利亚动武等问题上存在的误解与不快,进而深化两国的盟友关系。但实际上,法国对美国没有支持自己对叙利亚动武一事一直耿耿于怀:2014年8月,奥朗德声称叙利亚局势的恶化必须归咎于西方国家,"如果一年前(即2013年)大国对叙利亚使用化学武器的情况做出反应,我们就不会在独裁者和恐怖分子之间做出糟糕的选择",叙利亚反对派"应该得到我们的支持"。①

6. 高调反恐:空袭"伊斯兰国"

2015年1月和11月,巴黎接连发生系列恐怖袭击事件后,法国的叙利亚政策的主要目标转向反恐和打击"伊斯兰国"等恐怖势力,不再坚持此前提出的巴沙尔必须下台的强硬立场。

近年来,极端恐怖组织在中东如伊拉克和叙利亚的活

---

① France24,"France Delivered Arms to The Syrian Rebels, Hollande Confirms", August 21, 2014, http://www.france24.com/en/20140821-france-arms-syria-rebels-hollande.

动十分活跃。尤其是原先的"基地"组织伊拉克分支于2014年宣布建立"伊斯兰国",甚至妄图"统治"整个伊斯兰世界。随着"伊斯兰国"势力在伊拉克和叙利亚的迅速蔓延,叙利亚东北部的大部分地区已被"伊斯兰国"控制,暴力冲突不断升级。2014年9月,法国加入由美国主导的反恐国际联盟;美国等国就对位于叙利亚境内的"伊斯兰国"目标连续展开空袭,法国则在伊拉克对"伊斯兰国"恐怖组织展开了新一轮空袭。11月,法国宣布将在约旦部署"幻影"式战机,进一步增强打击"伊斯兰国"的军事力量。

不过,在美国主导的反恐国际联盟中,各国打击"伊斯兰国"的方式实际上不尽相同:有些国家仅限于谴责"伊斯兰国"的恐怖行动,而法、英、德等国则承诺提供军事或人道主义援助。① 其中法国的行动最为积极:奥朗德响应美国的反恐号召,迅速派法国空军对伊拉克境内的"伊斯兰国"实施了空袭;法国还向库尔德武装提供了弹药,并在伊拉克投放了超过65吨的人道主义救援物资。②

---

① "Who Has Contributed What in The Coalition against The Islamic State?", *Foreign Policy*, November 12, 2014, http://foreignpolicy.com/2014/11/12/who-has-contributed-what-in-the-coalition-against-the-islamic-state/.

② Ashley Fantz, "Who's doing what in the coalition battle against ISIS", Cable News Network-CNN, October 9, 2014, http://edition.cnn.com/2014/10/09/world/meast/isis-coalition-nations/.

但是美、法等西方国家打击"伊斯兰国"的决心并不坚定，其具体行动中始终犹犹豫豫、优柔寡断，甚至有故意纵容"伊斯兰国"势力扩张之嫌。

2015年巴黎遭遇系列恐怖袭击事件后，法国半心半意的反恐策略有所转变。2015年1月"查理周刊"总部遭袭后，奥朗德谴责这是一次恐怖主义袭击；法国还举行紧急反恐会议，与美国探讨联合反恐，在情报交换、技术与互联网等方面与美国加强合作。在美国的支持与法国的推动下，打击"伊斯兰国"的国际反恐联盟决定打击从国外进入伊拉克和叙利亚的"圣战"分子，切断"伊斯兰国"的资金来源。时任法国外长的洛朗·法比尤斯（Laurent Fabius）直言："法国外交政策的一个重要目标就是打击恐怖主义。"[①] 法国民众也支持政府打击"伊斯兰国"。例如，2015年9月，一项由法国Odoxa民调机构进行的调查结果显示，61%的受访者支持法国政府军事介入叙利亚、打击"伊斯兰国"（IS）。[②] 在此情况下，奥朗德宣布将加大打击"伊斯兰国"的力度。9月27日，法国首次对叙利亚境

[①] M. L. Fabius, "Fighting Terrorism A Raison d'être of French Policy-Minister", January 12, 2015, Interviewed by Embassy of France in London, http://www.ambafrance-uk.org/Fighting-terrorism-a-raison-d-etre.

[②] 《民调：法多数民众反对优待难民，支持军事干预叙利亚》，中国新闻网，2015年9月6日，http://www.chinanews.com/gj/2015/09-06/7507878.shtml。

第二章 法国的叙利亚政策

内的"伊斯兰国"进行了空袭。

不久，法国对叙利亚巴沙尔政权的立场发生了重大变化。2015年11月，巴黎再次遭遇恐怖袭击，法国立即宣布同声称对袭击负责的"伊斯兰国"进入"战争"状态——奥朗德第一时间宣布"阿萨德不是法国的敌人，'伊斯兰国'（ISIL，原文如此。）才是"，① 并且加大了对叙利亚境内"伊斯兰国"的军事打击力度。同时，法国还表示全力支持伊拉克政府针对"伊斯兰国"的打击。2016年1月，七国集团的国防部长会议决定，对"伊斯兰国"在伊拉克和叙利亚等地的目标加强和加快打击，法、德、英、美等国誓言要摧毁其在伊拉克和叙利亚的大本营。8月，法国战机对"伊斯兰国"在叙利亚境内的武器库进行了轰炸。

在外交上，法国也开始努力强化共同打击"伊斯兰国"的国际合作。例如，在欧盟层面上，法国启动了《里斯本条约》有关"相互援助"条款，寻求其他成员国对法国反恐行动的支持。2016年4月，奥朗德敦促德国在欧洲以外抗击恐怖主义威胁。在联合国层面上，由法国起草的安理会第2249号决议于2015年11月获得一致通过，该决议授权"有能力的会员国"可根据国际法在叙利亚和伊拉

---

① French President Francois Hollande addressing nation after Paris terrorist attacks: "Assad is Not the Enemy of France, ISIL is", http://sputniknews.com/politics/20151116/1030206647/holland-isil-france-enemy-not-assad.html.

◆ 叙利亚内战与欧洲

克境内受"伊斯兰国"控制的领土上，采取一切必要措施打击"伊斯兰国"的恐怖主义行为。法国对12月联合国安理会一致通过的关于决定采取相关措施切断"伊斯兰国"等恐怖组织的资金来源的第2253号决议表示欢迎。[①] 此外，奥朗德还在短时间内出访了英、美、德、俄等国，讨论反恐和打击"伊斯兰国"等议题，试图组建新的以法国为主导的反恐国际联盟。法国的政策立场得到欧洲各国和美国的支持：英国表示应该与法国以及其他盟友一起在叙利亚对"伊斯兰国"实施空袭；美法决定进一步加强空袭合作，快速共享情报；德国表示将携手法国打击恐怖主义。不过，俄罗斯仅表示与法国在空袭叙利亚境内"伊斯兰国"的目标方面加强协调，两国没有就建立奥朗德所希望的广泛联盟，以及就叙利亚总统巴沙尔的去留问题达成一致意见。

二 影响法国叙利亚政策的主要因素

2015年，欧洲面临第二次世界大战之后最为严重的难

[①] France Diplomatie, "France Welcomes the Unanimous Adoption by the Security Council of Resolution 2253", http://www.diplomatie.gouv.fr/en/french-foreign-policy/defence-security/terrorism/events/article/fight-against-the-financing-of-terrorism-united-nations-adoption-of-unscr-2253.

民危机；法国巴黎等地还遭遇了一系列严重的恐怖袭击。在此背景下，法国的中东政策特别是围绕叙利亚内战问题的政策发生了一些变化。大致上，影响法国叙利亚政策的主要因素主要有以下几个方面。

1. 难民危机的影响

2015年，欧洲遭遇了"二战"结束以来最为严重的难民危机。不过，在涌入欧洲的难民潮中，既有来自叙利亚、伊拉克、也门、利比亚等国的战争难民和来自中东欧和巴尔干地区国家的经济移民，也藏有一些来自"伊斯兰国"的恐怖主义或极端宗教主义分子。[①] 法国等欧洲国家成为上述群体迁入的主要目的国之一。

长期以来，法国饱受穆斯林移民问题的严重困扰。在此次难民危机的背景下，法国民众对涌入本国的更多穆斯林普遍充满忧虑，反移民的极右翼"国民阵线"（法语：Front National，缩写为 FN）的支持率却有所上升，而属于右翼政党的人民运动联盟也转而采取反对接纳难民的立场。例如，法国前总统萨科齐就多次呼吁终止申根协定，在中东北非国家建立由欧盟控制的移民和难民的"隔离营"（detention camps），对意图进入欧盟的难民实行严格"过滤"。

---

① 参见《欧洲面临二战以来最为严重的一次难民危机》，人民网，2016年6月15日，http：//world. people. com. cn/n1/2016/0615/c1002 - 28447545. html。

面对来自国际社会包括欧盟以及国内其他党派的压力,奥朗德政府在应对这次欧洲难民潮过程中的态度从一开始比较消极,不愿接纳更多难民。2015年5月,奥朗德曾表示难民配额问题"没得谈"(out of question)。但当德国推动在欧盟层面建立永久性和强制性的分配难民机制时,法国却又表现出了积极配合的态度。之所以这样做,是因为法国希望借助难民危机和相关分配机制的建立,向外界展示自身在推进欧洲一体化中的作用,而不希望德国单独"抢尽风头"。例如,2015年9月,奥朗德与德国总理安格拉·默克尔(Angela Merkel)一起向欧洲各国领导人呼吁推动共同的欧洲避难法、"安全来源国"名单,加大对土耳其、黎巴嫩和约旦的援助力度;法国还宣布将在未来两年内接纳2.4万名难民。但由于法国民众在接收难民方面的消极态度,奥朗德不可能无所顾忌而甘愿失去本已减弱的民众支持。因此,总体上法国接收难民的意愿和能力都比较有限。奥朗德只能在呼吁公众支持接纳难民的同时,宣布将加大打击"伊斯兰国"的力度,以获取法国民众对其执政能力的认可与支持。

法国对"伊斯兰国"的打击也遭到了恐怖分子的报复。例如,2015年11月5日,法国宣布再次派"戴高乐"号航母前往波斯湾参加打击"伊斯兰国",13日巴黎就发生系列恐怖袭击事件,造成数百人死亡。因此,法国在勉为其难应付大批难民不断涌入本国的同时,也面临着严峻的反恐形势。事实上，为了加强反恐而不是接纳更多叙利亚难民，法国才改变了要求巴沙尔必须下台的政策立场，转而将打击"伊斯兰国"作为法国对叙利亚政策的重要任务。

2. 恐袭事件的影响

2011年叙利亚内战爆发后，法国曾将推翻属于什叶派分支阿拉维派的巴沙尔政权作为首要目标，支持叙利亚的反对派（多为逊尼派）。但随着2015年法国巴黎等地陆续遭遇一系列严重恐怖袭击，法国对伊拉克和叙利亚境内的"伊斯兰国"实施了空袭行动，反恐成为法国在中东和叙利亚政策上的重要议程。

2015年1月，位于法国巴黎的《查理周刊》（法文名为Charlie Hebdo）杂志社遭遇恐怖袭击，奥朗德谴责该事件是一次恐怖主义袭击。随后，法国与美国以及欧盟其他国家商讨加强反恐合作，包括情报交换、技术与互联网等方面。在美国的支持与法国的推动下，打击"伊斯兰国"的国际联盟会议则讨论了如何打击从国外进入伊拉克和叙利亚的"圣战"分子、切断"伊斯兰国"恐怖组织的资金来源以及帮助因暴力而逃亡的当地民众等议题。然而，11月巴黎再次遭遇恐怖袭击，"伊斯兰国"声称对此负责。在此情况下，奥朗德称"伊斯兰国"的袭击是一种"战争行为"，并下令加强对伊拉克和叙利亚境内极端主义分子的空袭。此外，法国还向联合国提出议案，呼吁其他国家采取一切必要的手段打击"伊斯兰国"。最终，联合国安理会一致通过关于各国共同打击"伊斯兰国"的决议，法国的遭遇和反恐决心赢得了国际社会的同情和支持。随后，法国派出了"戴高乐"号航母及其编队抵达地中海东部海域，以打击叙利亚境内的"伊斯兰国"恐怖分子。

巴黎恐怖袭击事件成为法国叙利亚政策发生重大调整的催化剂：法国不再坚持必须推翻巴沙尔政权，而是将反恐作为对外政策的优先项。此外，恐袭事件发生后，奥朗德开启了"旋风式"外交之旅，寻求建立打击"伊斯兰国"的新反恐国际联盟。2016年1月，奥朗德表示法国将继续打击恐怖主义，加强和加快打击"伊斯兰国"在伊拉克和叙利亚等地的目标。可以说，2015年法国本土以及欧洲遭遇的恐怖袭击促使法国反思近年来的叙利亚政策。这主要表现在：第一，法国对叙利亚内战的态度发生重大改变，改变了此前坚持巴沙尔必须下台的立场。第二，法国将反恐列为其中东政策的优先项，加大了军事打击"伊斯兰国"的力度，默认甚至配合俄罗斯在叙利亚的空袭行动。2015年9月，俄罗斯开始在叙利亚实施打击"伊斯兰国"的空袭行动，法国等西方国家原本并不愿意看到由俄罗斯掌握打击"伊斯兰国"、解决叙利亚问题的主导权；但恐袭事件发生后，法国不得不开始尝试同俄罗斯建立新的国际反恐联盟。第三，法国继续在国际舞台上高调展现

"大国"的形象，加大了打击"伊斯兰国"与反恐的力度，并努力推动国际反恐合作。但由于奥朗德任期内国内经济持续低迷、失业率高企以及军事实力不足等，法国空袭"伊斯兰国"行动的实际效果比较有限。而且，法国作为"非穆斯林"域外大国高调打击"伊斯兰国"，反过来使其成为恐怖袭击的主要目标之一。①

3. 美国与俄罗斯在中东的博弈

2011年爆发的叙利亚内战不但导致了严重的人道主义灾难，也冲击着中东地区的秩序并影响着国际格局的演变。

长期以来，中东一直是美国全球战略的重点之一。冷战结束后尤其是"9·11"事件以来，美国在中东地区投入了巨大的战略资源，进行了数次军事干预，逐渐巩固了其在中东地区事务上的主导权。但后来由于经济和战略等因素，美国在中东北非地区事务上投入的精力有限，尤其是在奥巴马任期内美国在中东进行战略收缩。事实上，美国在伊拉克战争后逐渐放弃了"确保领导地位"（pri-

---

① 2016年9月21日，德国汉堡联邦国防军大学国际关系研究所联席主任迈克尔·斯塔克（Michael Staack）教授率团访问中国社会科学院欧洲研究所时，认为德国对在中东如叙利亚的反恐行动必须谨慎，因为德国不想成为恐怖袭击的目标。至于法国和英国的反恐行动，他认为其更多是象征性的，政治意义大于现实意义，尤其是实力已大不如前的法国借此展现一下其作为"大国"的形象。

macy）战略，实行战略收缩，不再"事事出头"，转而求助于各种联盟，希望盟友协助它承担沉重的防务负担。① 例如，在2011年的利比亚战争中，法国等欧洲国家承担了一半以上的空中打击任务②，美国则主要发挥了"幕后领导"（lead from behind）的角色，从而开创了西方国家干预地区与国际事务的"利比亚模式"。此外，奥巴马从其第一任期开始就将战略重心转向亚太：2011年时任国务卿希拉里·克林顿提出要打造"美国的太平洋世纪"。③ 2012年奥巴马提出"再平衡"（rebalance）战略，将美国的战略重心从欧洲及中东等热点冲突地区转向东亚。④ 因此，随着美国实施"亚太再平衡"战略和中东北非地区的政治动荡的爆发，在美国希望结束伊拉克战争，尽快从叙

---

① Christopher Layne, "America's Middle East Grand Strategy After Iraq: The Moment for Offshore Balancing Has Arrived", *Review of International Studies*, Vol. 35, No. 1, 2009, pp. 5 – 25; Lanxin Xiang, "China and the 'Pivot'", *Survival*, Vol. 55, No. 5, 2012, pp. 113 – 128.

② 李晨：《利比亚战争中美国与欧洲军事力量的运用》，《国际政治研究》2014年第1期，第104—124页。

③ Hillary Clinton, "America's Pacific Century", *Foreign Policy*, Oct. 11, 2011.

④ US Department of Defense, "Sustaining US Global Leadership: Priorities for 21st Century Defense", Washington, D. C.: Department of Defense, 2012. 在美国国防部的这一指南中，奥巴马正式将"重返亚太"一词中的"重返"（pivot）一词改为"再平衡"（rebalance）。

第二章　法国的叙利亚政策

利亚动乱、伊朗核危机以及巴以和谈僵局等问题中脱身而实施战略东移的情况下，中东地区出现某种程度的"权力真空"给法国的"重返中东"提供了历史机遇。

第二次世界大战结束后，苏联同美国在中东地区展开了竞争，并将大多数阿拉伯国家纳入自己的势力范围。后冷战时期，俄罗斯在中东的战略空间遭到挤压，叙利亚成为其在中东—地中海地区的最后一个海外"据点"。因此，在美国从中东进行战略收缩的同时，俄罗斯却不断加强对中东的战略布局和投入，以此撬动因乌克兰危机等恶化的俄美、俄欧关系，缓解西方的战略挤压。在叙利亚内战爆发后，俄罗斯是除美国外对中东地区事务有较强影响力的域外大国之一，同时也是叙利亚巴沙尔政权的坚定支持者。法国多次呼吁巴沙尔必须下台，并试图同俄罗斯就叙利亚问题进行沟通与协调，以弥合彼此之间的分歧。2012年6月，普京访问法国，但在叙利亚问题上，俄法之间的分歧依然很大。2013年2月，奥朗德访问俄罗斯，在叙利亚问题上，法俄两国表示双方共同的目标是反对恐怖主义、避免叙利亚分裂，但在开启叙政治对话的途径方面则持不同观点。2013年8月叙利亚化武危机期间，俄罗斯反对美国和法国采取军事干涉，以避免削弱巴沙尔政权的军事优势及其抵御反对派进攻的能力。[①] 2014年3月，克里

---

① Alexander Shumilin, The Syrian Crisis and Russia's Approach to the Gulf, *GRC GULF PAPER*, May 2014, p. 5

◆ 叙利亚内战与欧洲

米亚危机发生后，俄罗斯在国际社会受到孤立，由于欧洲国家跟随美国对俄罗斯实施了严厉的经济制裁而导致欧俄关系陷入低谷。尽管如此，同年12月，奥朗德在结束对哈萨克斯坦的访问后，经莫斯科做了短暂停留并在机场与普京举行了会晤。法俄领导人的这次会面，正值克里姆林宫与西方国家的关系陷入紧张与低谷之际，而奥朗德成为乌克兰危机以来首位访俄的西方领导人。这表明，法国有意缓解因乌克兰危机导致的欧俄紧张关系，同时也期望展现法国的外交灵活性。

不过，2015年9月俄罗斯开始在叙境内打击"伊斯兰国"以及进入2017年后，俄罗斯联合伊朗、土耳其举行了两次叙利亚问题和谈等，大有另起炉灶抛开美国和法国等西方国家主导的叙利亚问题日内瓦和谈机制之势。这种情况下，法国没能扮演调停人的角色。2016年10月，法国联合西班牙向联合国安理会提交了关于要求在叙利亚阿勒颇设置禁飞区并停止空袭的草案，但遭到俄罗斯否决。① 而对于俄罗斯向联合国安理会提交的草案——建议所有各方在阿勒颇停火并要求从该市撤出武装人员，保障人道援助迅速和无阻碍进入，英国、法国和美国都投了反对票。此外，俄否决法国提案引发了后者不满，法国和英、美等国一起指责俄罗斯军事干预叙利亚局势，认为俄罗斯在阿勒颇地区的空袭是战

---

① 这也是2011年叙利亚内战爆发以来，俄罗斯第五次投票反对联合国安理会通过关于叙利亚的决议。

争犯罪行为，威胁要对俄罗斯甚至普京本人提出国际刑事指控。2017年4月，俄罗斯否决了由美、英、法三国向联合国安理会提出的有关叙利亚化武事件的决议草案，在过去六年里连续第八次否决西方针对叙利亚问题的决议。

由于缺乏有效的大国协调与制衡机制，中东地区战略格局仍将具有结构性失衡的基本特征。① 可以明确的一点是，美国在今后并不会放弃对中东事务的干涉。2017年4月，美国以叙利亚政府使用化学武器为由向该国发射了数十枚巡航导弹，这是叙利亚内战爆发六年来美国首次实施直接军事行动打击叙政府军。这次空袭乃是唐纳德·特朗普（Donald Trump）上台100天以来美国中东政策的"一大亮点"，与2013年奥巴马最终没有落实自己划定的对叙动武"红线"形成了鲜明对比。② 这似乎已向世界传达了某种信息，美国"随时"对中东保持着强大而直接的干涉能力。法国虽然跟随美国，但它的"大国梦"使得它对奥巴马的中东政策也有诸多不满，它尝试联系俄罗斯，但其立场又与俄罗斯相差过大。到目前为止，特朗普的中东的战略目标仍比较模糊，美俄博弈也处于相对的僵持期，这使法国在后冷战时代再一

---

① 吴冰冰：《中东战略格局失衡与中国的中东战略》，《外交评论》2013年第6期，第36页。

② Joe Macaron, "The Middle East in Trump's First 100 Days in Office", May 3, 2017, Arab Center Washington D. C., p. 1. http：//arabcenterdc. org/policy _ analyses/the-middle-east-in-trumps-first-100-days-in-office/.

次有机会发挥美俄以外的"第三种力量"的作用,① 但这种夹缝中的"第三种力量"的角色能够扮演多久,恐怕主要并不取决于法国本身,而是取决于美俄双方在叙利亚究竟有多大的战略雄心以及美俄关系未来的走向。

4. 中东海湾地区力量格局的变化

法国之所以一度"抛弃"叙利亚巴沙尔政权,既与它支持中东北非地区的政治动荡民主化运动的意识形态有关,也是因为它更愿意同沙特等海湾国家建立新的联盟关系。②

2010 年年底发端于突尼斯的革命浪潮,迅速横扫了几乎整个阿拉伯世界。对于这场西方所谓的中东北非地区的政治动荡的发展速度和随之而来的恶果,法国似乎颇为意外,以至于其最初的反应显得有些猝不及防。③ 但在叙利亚内战爆发后,法国将其视为中东北非地区的政治动荡中又一场"民主对专制"的运动,是它在中东地区进行民主改造的"良机"。④ 而在这场中东北非剧变中,海湾国家

---

① 田德文:《法国能否成为第三种力量?》,《当代世界》2016 年第 2 期,第 33 页。

② Jean Dufourcq & Olivier Kempf, "The Evolution of France's Policy in Syria", the King Faisal Research Center, Jumada 2, 1437, March 2016, p. 11.

③ Ibid..

④ 参见陈双庆《叙利亚局势及其未来走向》,《现代国际关系》2012 年第 1 期,第 43 页。

第二章　法国的叙利亚政策

积极配合法国等西方国家高调干涉其阿拉伯邻国的内政，卡塔尔甚至很早就扮演了西方干预中东事务中的"特洛伊木马"（Trojan Horse）角色。① 在中东北非地区的政治动荡爆发后，由逊尼派掌权的沙特遭遇到被伊朗、伊拉克、叙利亚、也门等什叶派包围的地缘政治噩梦，而被称为"阿拉伯民族主义的摇篮"② 的叙利亚被视为所谓"什叶派新月带"上最为薄弱的一环。长期的教派分歧与现实的地缘政治冲突等，使得沙特与叙利亚势同水火并希望除之而后快。③ 因此，在叙利亚问题上海湾国家都积极向巴沙尔政权施压，承认并扶植叙反对派，还呼吁联合国加大对叙制裁。④ 2012 年 5 月叙利亚胡拉镇平民遭屠杀事件发生后，沙特、卡塔尔等国借机推动实现叙利亚政权的更替，⑤

---

① Muhammad'Ali Ibrahim, "Qatar Is a Trojan Horse that Harms Arab Interests", The Middle East Media Research Institute, July 22, 2008.

② David W. Lesch, "Evolution of Bashar al-Asad", *Middle East Policy*, Vol. 17, Issue 2, 2010, pp. 70 – 81.

③ 参见钱学文《沙特的瓦哈比主义》，《阿拉伯世界》2002 年第 3 期；赵克仁《试析叙利亚泛阿拉伯民族主义的演变》，《阿拉伯世界》2000 年第 3 期。

④ "Saudi Arabia Seeks tough UN Action against Syria", Saudi Gazette, April 25, 2012.

⑤ "GCC Must Mobilize Resources to Help Syrians: Prince Saud", Arab News, June 6, 2012, http：//gitm. kcorp. net/index. php? id = 604059&news_ type = Top&lang = en.

◆ 叙利亚内战与欧洲

这与法国希望巴沙尔下台的政策立场相同。法国与海湾国家都积极承认叙反对派"全国联盟"为叙利亚人民的唯一合法代表;而在2013年的叙利亚化武问题上,法国也同海湾国家持相似立场,希望美国能领导对巴沙尔政权实施打击的军事行动。

法国的这种动向早在中东北非地区的政治动荡前就有显现:2009年萨科齐访问阿联酋,并参加了启用法国在阿布扎比设立的永久军事基地的仪式,他对阿联酋表示:"当你们的安全受到威胁时,法国将坚定不移地站在你们一边。"① 军火合同是法国对叙政策的重要因素:法国一直在同美国争夺中东的军火市场,它已是海湾国家的主要武器供应国。2013年7月22日,法国与阿拉伯联合酋长国签署一份总额约8亿欧元的军售合同,这是奥朗德就任总统以来法国最大的一笔防务出口订单。法国是欧盟国家中与阿关系较为密切的国家,特别是在军事方面关系特殊。20世纪90年代,两国就签订了防务协议。2008年,法国又在阿联酋首都阿布扎比建立了其在非洲以外的唯一一个军事基地,大大提升了法国在国际能源动脉上的战略地位。尽管2013年法国对全球武器出口额占比仅为7.2%,

---

① Rick Rozoff, "Gulf State Gendarmes: West Backs Holy Alliance for Control of Arab World and Persian Gulf", Voltaire Network, 27 May, 2011, http://www.voltairenet.org/Gulf-State-Gendarmes-West-Backs.

第二章　法国的叙利亚政策

远低于美国（52%），但2014年法国武器出口额尤其是对中东的武器出口大幅上升。① 据报道，2014年6月16日，法国国防部长让-伊夫·勒德里昂（Jean-Yves Le Drian）在武器展出开幕式上表示，由于全球订单回升，法国2014年武器出口额有望达到70亿欧元（95亿美元）。法国武器出口额上升主要是因为对中东地区的武器出口增长，这一地区订单占到法出口总额的40%，其中包括对沙特舰队价值5亿欧元的升级合同。2015年6月，法国与沙特在飞机、核能等领域达成多项重要合作协议；10月，法国与沙特签署了价值100亿欧元的合作协议，涵盖军事、能源、卫星等领域，其中包括沙特向法国订购的30艘巡逻艇。

近年来，法国加强了与沙特等海湾国家在各领域的关系。美国将战略重心转向亚太而"撤出"中东，令沙特等美国传统盟友感到不满；而由于在叙利亚局势、伊朗核问题以及沙特是否要在"9·11"恐袭事件中承担责任等问题上的分歧，沙特与美国的关系遇冷。② 在这种情况下，沙特出于政治平衡希望加强与法国的关系，法国则在"抛弃"叙利亚巴沙尔政权的同时，将沙特视为扩大其对中东

---

① 《法国防部长：法国2014年武器出口额有望达到70亿欧元，创历史新高》，中国国防科技信息网，2014年6月17日，http://www.dsti.net/Information/News/88943。

② 例如，2016年以来，美国与沙特的关系出现诸多不和谐之声。参见田文林《当前沙特与美国矛盾：表现、根源及前景》，《当代世界》2017年第3期。

◆ 叙利亚内战与欧洲

地区影响力的新的战略支点。仅在 2015 年，奥朗德就两次出访沙特，先是出席了沙特前国王阿卜杜拉·本·阿卜杜勒－阿齐兹（Abdullah Bin Abdul-Aziz）的吊唁活动，后又以"荣誉贵宾"身份出席了海湾阿拉伯国家合作委员会（Gulf Cooperation Council，GCC）首脑会议。奥朗德成为第一个应邀参加海合会峰会，同时也是第一个与沙特新国王萨勒曼（Salman）会谈的西方国家首脑。法国被视为海湾地区"最可靠和最可信"的伙伴，在经贸领域与卡塔尔、沙特等签署合同、洽谈合作项目，在安全方面则与沙特就伊核问题达成共识。此次峰会标志着法国与海湾国家之间"特殊伙伴关系"的开始。

三　硬实力：法国在中东的军力部署与空袭行动

根据国内学者的研究，一国发挥海外军事影响的途径主要包括：军事存在、军事盟国、军售、军事演习和军事交流等。[①] 近年来，法国积极插手中东地区和国家的事务，在叙利亚及其周边部署了一定的兵力，还实施了一些空袭行动。然而，法国一方面凭借自身军事力量等在中东地区事务上发挥影响力，另一方面其国防政策却有所调整，如

---

① 牛新春：《中国在中东的利益与影响力分析》，《现代国际关系》2013 年第 10 期，第 52 页。

削减军费、开展军事合作等。

1. 叙利亚内战期间法国安全防务政策的变化

2010年9月，法国和英国计划以协议合作的方式"共用航母"，以寻求在维持两国军事力量的情况下削减军费支出。但从长远来看，由于产权不明晰，日后如何使用与维护航母有可能给英法关系更多的是带来一些麻烦，而非预期的效益；而且，使用彼此共有的航母需要英法双方在战略层面上共同做出决策，执行一些特定行动则需要两国形成一致的行动目标。但在具体实践中，由于英法两国的国家利益并非相同，要真正做到共用航母这一点，无疑面临诸多困难与挑战。

受资金短缺影响，英国的国防政策发生了一些变化。2010年10月，英国与法国探讨了共享核防卫能力的可能，例如联合进行核潜艇巡逻。为节约军费开支，英国还将核弹头运至法国进行维护。最终，在11月英国与法国两国政府签署了军事合作协议，同意创建联合部队，共用航空母舰以及共同开发新的核试验设施。为应对财政赤字，应对大幅削减国防开支的计划，英国与法国联合构建核威慑，以减少核力量的维护开支。有意思的是，就在几年前法国时任总统萨科齐曾提出联合核威慑的建议，却遭到了英国时任首相戈登·布朗的拒绝。

2015—2016年，法国先后遭遇几次较大规模的恐怖袭击，造成了数百人伤亡。法国高层官员在反恐问题上不断发声，强调反恐的重要性和迫切性。例如，2016年3月10日，国防部长勒德里昂在巴黎预备役军人大会上宣布，用于预备役部队的预算从2012年的7100万欧元提高到2016年的近一亿欧元。2014年到2018年预计用于预备役部队的年度预算将提高77%，目标是到2018年年底能够动员4万预备役军人（目前是2.8万人），相当于"每天可以部署1000名预备役军人，执行全国领土上的保护任务"。勒德里昂称："我们比以往任何时候都更需要预备役军人，以应对前所未有的恐怖主义威胁。"2016年4月10日，法国时任总理曼努埃尔·瓦尔斯（Manuell Valls）表示，布鲁塞尔爆炸袭击事件嫌疑人原计划再次袭击法国首都巴黎，这表明整个欧洲尤其是法国面临严重的恐怖威胁。瓦尔斯说，恐怖威胁依然存在，法国不会放松警惕，必须动员起来。而9月11日，瓦尔斯在接受法国媒体采访时更是直言，法国当前仍面临"最大程度的"恐袭威胁，恐怖主义已成为法国一代人需要面临的问题。

鉴于法国近年来多次遇袭，在野党指责奥朗德政府反恐不力。2016年9月8日，民意支持低迷的法国时任总统奥朗德发表题为《面对恐怖主义的民主体制》的演讲，就国家政治议题和反恐斗争阐述其政策立场。奥朗德以"在反恐斗争中，民主体制将最终获胜"的宣言开场后坦承，这将是一场长期艰巨的斗争，威胁也会持久存在，但他将

第二章　法国的叙利亚政策

"竭尽所能保护法国人民的安全"。奥朗德称，他在任内做出了艰难的决定，采取了预防措施，例如加强安保力量，增加军费开支，通过3项反恐法案和连续三次延长紧急状态。尽管舆论认为奥朗德此次演讲意在为参加2017年总统大选进行铺垫，但也反映出法国已将反恐提上了其政策议程的重要地位。

2. 法英两国在军事领域的其他合作

受欧元危机影响，法国政府努力削减财政赤字。在此背景下，2013年4月，法国公布2013年《国防与国家安全白皮书》，法国国防部门从2014年到2019年将削减3.4万个职位，未来几年军队每年平均减少5000人。根据白皮书，核扩散、恐怖主义、网络攻击以及各种类型的走私活动，是法国面临的主要外部威胁。未来几年，法国每年的国防预算将维持在314亿欧元的水平，在欧盟内仅次于英国，位列第二。8月，法国提出了一项《2014—2019年军事规划法》法案，包括裁员、更新武器系统等内容。法案计划调整国防预算，预计到2016年前将年度国防预算保持在314亿欧元左右。需要注意的是，尽管法国计划在军费和人员方面做出调整，但其原则是不危及国家主权。目前，法国战略核潜艇部队共有4000人。法国总统奥朗德决定保持法国核威慑力量的两个组成部分——战略核潜艇和机载核武器，而在《2014—2019年军事规划法》中，法国并不打算修改其核威慑战略。2012年9月，法国曾决定在利比亚建立军事基地，其目的一是控制利比亚石油，二是为打击马里北部的恐怖组织。但在2014年10月，法国国防部公布了2015年法国军队重整计划的细节，以此来实现节约国防预算的目标。受此影响，法国的海、陆、空三军将进行裁员，一些军事基地将会关闭。由此可见，法国一方面通过裁军等措施削减国防预算，但另一方面又非常重视其核威慑力量对国家安全的重要意义。

法国与英国除各自裁军、削减军费以及共用航母与共享核防卫能力之外，还计划在军事领域开展更多合作。例如，2014年1月，英、法两国首脑会谈并宣布，双方将：（1）共同投资1.2亿英镑资金以进一步开发用于作战的无人机；（2）联合购置价值5亿英镑的反舰导弹，供海军直升机使用；（3）在核电研究领域进行合作，英国中小企业将参与法国企业在英国建设核电站的项目；（4）就航天和卫星技术合作方面达成了协议；（5）在叙利亚问题上，将在打击到叙利亚参战的极端分子方面进行合作，以防止他们返回欧洲后对本国安全带来威胁。需要补充的是，英国和法国都是世界上主要的武器出口国。例如，在2013年，法国在全球武器出口额占比为7.2%，低于美国（52%）、英国（13.4%）和俄罗斯（8.4%），位列第四。

3. 法国在中东的军力部署与空袭行动

在叙利亚危机爆发后，为打击"伊斯兰国"等恐怖主

第二章 法国的叙利亚政策

义势力，法、英等国在中东地区都有一定的军力部署，还实施了一系列的空袭行动（见附录表2）。

法国在中东地区有两处较大规模军事基地：一个在吉布提，人数在2800人左右①，约占法国在非洲驻军人数的一半，包括两个战斗团和一个伞兵团的别动队。在吉布提军事基地的海军有一支增援印度洋舰队的海军分舰队，一支突击队和一个通信监听站。其空军有一个中队和一个直升机运输大队，② 主要用于强化法国在东非传统势力范围内的影响力，并以吉布提为据点，向东非、红海、亚丁湾和非洲大陆内部投射军事力量。法国的另一处海外军事基地在阿联酋的阿布扎比，主要目的是为该地区提供安全援助。法国海军参谋长皮埃尔·弗朗索瓦·弗里希尔（Pierre François Forissier）上将强调指出：阿布扎比军事基地主要承担防御性任务，并称该基地为"和平营"，驻扎有法国海空军官兵500人，包括约80名非战斗人员。法国在阿布扎比的军事基地，是在萨科奇任总统后法国首次在美英传统势力范围海湾地区部署军

---

① "La France Sonne la Retraite à Bangui," *Libération*, July 24, 1997; Shaun Gregory, "The French Military in Africa: Past and Present," *African Affairs*, No. 99, 2000, p. 438; Shaun Gregory, *French Defence Policy into the Twenty-first Century*, London: Macmillan, 2000, pp. 159 – 161.

② 顾章义、付吉军、周海泓编著：《列国志：索马里吉布提》，社会科学文献出版社2006年版，第255、263页。

事基地,① 具有配合美国、欧盟和英国向伊朗施压,预防海湾地区爆发军事冲突之目的,也便于其在伊拉克、叙利亚等国进行反恐行动。

叙利亚危机爆发后,法国开始追加军费,还率先采取了一些打击恐怖主义的空袭行动。2014年9月,美国等国对位于叙利亚境内的"伊斯兰国"目标连续展开空袭,英、法、德等国则相继重返伊拉克、打击"伊斯兰国"。例如,2014年9月26日,法国在伊拉克对"伊斯兰国"恐怖组织展开了新一轮空袭。2014年11月,法国宣布将在伊拉克邻国约旦部署"幻影"式战机,进一步增强旨在打击"伊斯兰国"的军事力量。

法国还充当了军事行动的急先锋。2015年1月14日,法国时任总统奥朗德决定并派"戴高乐"号航空母舰,在伊拉克执行打击"伊斯兰国"的行动。"戴高乐"号航母运载了12架"阵风"战斗机,9架现代化"超级军旗",1架"鹰眼"预警机及4架直升机。与"戴高乐"号航空母舰随行的,还有"保罗骑士"号防空护卫舰、一艘核潜艇及一艘石油补给舰,显示了法国向恐怖主义"全面开战"的浩大声势。而法国国民议会也投票决定,延长法国在伊拉克的军事介入期限,以对抗"伊斯兰国"组织。2月23日,法国"戴高乐"号航母战斗群参加了国际联军

---

① Matthew Saltmarsh, "France Opens First Military Bases in the Gulf", *New York Times*, May 26, 2009.

打击在伊拉克的"伊斯兰国"极端组织的军事行动。2015年9月27日,法国对叙利亚境内的"伊斯兰国"进行了首次空袭,并声称是为了配合区域合作伙伴的打击活动。2015年11月巴黎恐怖袭击事件发生后,法国随即派出"戴高乐"号航母及其编队抵达地中海东部海域,展开了在叙利亚打击恐怖分子的行动。

此外,由于2015年法国境内发生的一系列恐怖袭击事件而不断恶化的安全形势,法国政府决定重新审议该国军队6年内(2014—2019)削减3.4万个职位计划的实施进度,并考虑预算方面的问题。2015年4月,法国时任总统奥朗德宣布,决定在今后4年内追加军费38亿欧元,以应对来自国内外的恐怖主义威胁,确保国家安全利益。在国内财政极端困难的背景下,2015年法国的军费预算为31.4亿欧元。奥朗德关于追加军费的这一决定,既可以表明法国面临的安全局势之严峻,也反映了其在打击恐怖主义问题上的决心。到了2016年3月,法国计划提高军费,将用于预备役部队的预算从2012年的7100万欧元提高到2017年的近1亿欧元。2014年到2018年预计用于预备役部队的年度预算将提高77%,目标是到2018年年底能够动员4万名预备役军人(目前是2.8万人),预备役军人要增加到4万人。法国大规模扩充其预备役军人,既可以应对前所未有的恐怖主义威胁,也有利于承担国际义务,充实和壮大国际反恐的力量。2016年7月18日,尼斯恐怖袭击后，法国军队在中东地区对极端组织"伊斯兰国"目标发动了两次空中打击。同年 8 月 21 日，法国战机对极端组织"伊斯兰国"在叙利亚境内的军事目标进行轰炸，摧毁该组织一个武器库。此前，法国多次出动战机空袭"伊斯兰国"在伊拉克境内目标。

四 软实力：法国的"大国情结"、对叙政策历史及领导人风格

中东地处亚非欧三大洲结合处，历来在大国的国际战略和力量博弈中占据重要地位。而叙利亚更是中东的"心脏地带"，周边有土耳其、黎巴嫩、以色列和约旦等国，并扼守着中东的西大门，因此其地缘战略位置十分重要。在中东地区事务上，叙利亚因其在阿以和谈、伊朗核问题、库尔德民族问题以及打击恐怖主义等方面的作用，长期以来一直是各方势力拉拢、争夺的对象。

叙利亚因其在中东的地缘战略意义，长期以来都是法国全球战略构建以及发挥大国角色作用的重要支点。大国的博弈、地区力量格局的变化、政治意识形态的分歧，以及教派的冲突等多种因素的交织，使叙利亚问题呈现出高度的复杂性。事物的发展是内因和外因共同作用的结果，外因通过内因起作用。如果遵循唯物辩证法的方法去梳理法国对叙政策史，可以发现：从内因上看，自戴高乐以来

的"大国情结"一直是法国对外政策的固有传统,法国历届政府坚持不懈地在叙利亚问题上发力,正是这种情结的鲜明写照。从外因上看,域外大国的权力博弈和中东地区力量的分化组合,又无时无刻不对法国在叙利亚的外交雄心和政策布局产生深刻的影响。基于自身实力的考虑,法国的"大国情结"必须根据叙利亚问题中各种具体和现实的情势,与大国和地区力量的诉求相调和,才能确保自身利益的最大化,而这也是从始至终贯穿法国对叙政策的一条主线。

1. 法国的"大国情结"

第二次世界大战后法国实力衰落,国际地位下降,但它却怀有深深的"大国情结"。傲慢自负、争强好胜的"高卢雄鸡"是法国独特政治文化的象征,而从拿破仑三世到夏尔·戴高乐(Charles de Gaulle),法国的外交政策的一个重要目标就是要恢复大国荣光。[1] 因此,法国具有明显的"大国梦"情结,[2] 以自强、独立、保持大国地位为主要内容的戴高乐主义成为法国外交的重要传统之一。

在戴高乐时期,法国采取了在中东北非地区去殖民化

---

[1] 马胜利:《大国的光荣与梦想——法国外交的文化传统》,《国际论坛》2004年第2期,第54页。

[2] 马胜利:《法国民族国家和民族观念论析》,《欧洲研究》2012年第2期,第23页。

的阿拉伯政策，扮演了在阿拉伯事务中不同于美苏的大国角色。后来，法国在吉斯卡尔·德斯坦（Giscard d'Estaing）、弗朗索瓦·密特朗（François Mitterrand）时期分别采取了"阿以平衡"和"不偏不倚"的中东政策，在中东和平进程中发挥了独特而积极的大国作用。在后冷战时期雅克·希拉克（Jacques Chirac）反对美国的霸权主义，在2003年反对美国发动伊拉克战争，扩大了法国在中东和阿拉伯世界的影响。此外，2001年"9·11"事件后，美国先后将叙利亚纳入支持恐怖主义的"无赖国家"和"邪恶轴心"名单，而希拉克则致力于加强法国与叙利亚巴沙尔政权的政治、经济关系。因此，"与美国不同"成为素有"大国情结"的法国发挥国际影响力的重要特征之一。萨科齐上台后虽然调整了法国的外交战略，奉行"大西洋主义"和亲美路线，但这并不意味法国是美国背后一个亦步亦趋的"小伙伴"。事实上，法国在中东北非事务上采取了比美国更积极的干预政策。例如，在2011年，法国等欧盟国家"一反冷战后追随美国动武的定式"，[①] 成为军事干预利比亚的急先锋。在叙利亚内战中，萨科齐固然紧随美国进行干预，包括要求巴沙尔下台、对叙实施经济制裁等。但需要看到的是，萨科齐在拥抱"大西洋主义"的同时，曾将叙利亚纳入他倡导成立的"地中

---

① 吴弦：《欧盟国家利比亚军事干预解析》，《欧洲研究》2012年第2期，第108—121页。

海联盟"的名单，致力于谋求法国在地中海地区作为大国的影响力。至于奥朗德的社会党政府，其意识形态色彩比较浓厚，更重视人权等问题，因此奥朗德上台后法国将叙利亚内战视为中东北非地区的政治动荡的一部分，视为民主改造中东的良机，其干预叙利亚事务的态度和立场甚至比美国有过之而无不及。而在2015年巴黎恐袭事件发生后，奥朗德政府则选择了积极打击伊斯兰宗教极端主义势力，这也是"法国在国际舞台上发挥独立大国作用的必然选择。"① 法国高举反恐大旗将打击"伊斯兰国"和反恐作为其中东政策的优先项，是试图在国际反恐行动中发挥主导者的作用。

可以说，戴高乐之后的法国历届政府，无论属于左翼还是属于右翼，几乎都坚持奉行了具有戴高乐主义色彩的独立外交政策。② 就法国的中东和叙利亚政策而言，历届总统虽然在采取的具体政策立场和手段等方面有所不同，但其政策目标基本上都是为了强化法国在中东地区的影响力、追求世界大国地位。在叙利亚内战发生后，法国更是通过对叙利亚巴沙尔政权施压、支持和武装叙反对派以及寻求与美俄等大国的协调等手段，希望促使叙利亚朝着有

---

① 田德文：《法国能否成为第三种力量?》，《当代世界》2016年第2期，第31—32页。

② 沈孝泉：《法国从文化大国到政治大国的发展路径》，《当代世界》2012年第8期，第31页。

利于法国中东政策的方向发展，致力于展现法国作为世界大国的影响力。因此，纵观法国的叙利亚政策在不同时期的演变与调整，其"大国情结"一直发挥着持续而深远的影响。在当前欧洲面临难民危机和恐怖袭击威胁的背景下，法国对叙利亚的政策有着较为明确的利益定位和目标指向。

然而，尽管法国拥有浓厚的"大国情结"，但现实中却常常表现得"心有余而力不足"。"法国是个中等强国，但追求的是大国地位"①，法国的对外战略目标与其实力之间的矛盾难以避免。就其叙利亚政策来说，法国的干预并未如其最初所愿，实现巴沙尔下台等"民主变革"的目标，反而引发了难民问题、恐怖袭击以及"伊斯兰国"崛起等恶果，更没能获得与美、俄同样的有关叙利亚问题的主导权。在叙利亚问题上，客观而言，无论是从国家实力上看还是从政策效果上看，法国都不过是一个有着大国梦想的二流国家。

2. 法国对叙政策的历史

在欧盟国家里，法国和叙利亚渊源最深。历史上，叙利亚曾历经罗马帝国、阿拉伯帝国和奥斯曼土耳其帝国等统治。法国大革命后，拿破仑·波拿巴曾于1799年率军

---

① 王燕阁：《法国的新外交政策》，《现代国际关系》1994年第7期，第8页。

第二章 法国的叙利亚政策

攻打过叙利亚。1861年法国以"人道主义使命"为由将奥斯曼土耳其帝国中的马龙派基督徒（Maronite Christians）置于自己的保护之下。1916年5月，英、法两国签署"赛克斯—皮科特协议"（Sykes-Picot agreement），法国将奥斯曼土耳其帝国的亚洲部分领土——大叙利亚（包括叙利亚和黎巴嫩）纳入势力范围；第一次世界大战结束后，法国取得了大叙利亚的委任统治权，并对之采取分而治之的政策，以削弱阿拉伯民族主义的影响。[1] 在委任统治期间，法国资本控制着叙利亚的国民经济命脉，殖民当局还经常挑起宗教与民族纠纷，镇压反法力量，并强行推广法语。为遏制叙利亚不断高涨的民族解放运动、缓和叙利亚人民的反法斗争，法国统治者多次玩弄承认叙利亚独立、建立自治政府等欺骗伎俩以维持其殖民统治，如1936年签署《法叙条约》等。1939年，法国恢复了对叙利亚的军事统治。1941年，法国被迫宣布结束对叙的委任统治，1943年将殖民地划分为伊斯兰教的叙利亚和基督教的黎巴嫩，实行"分治独立"。第二次世界大战结束后，法国一直不愿放弃对叙利亚的控制，但迫于美国的压力才在1946年从叙利亚境内撤军。

第二次世界大战后，法国沦为二流国家，在美苏争霸世界的背景下国际地位下降，但它却采取了具有浓厚的

---

[1] 姚大学、闫伟：《叙利亚危机的根源及未来政治生态》，《西亚非洲》2012年第6期，第10页。

"戴高乐主义"色彩的外交政策,这对冷战期间法国的阿拉伯政策产生了重大影响。早在第二次世界大战后初期,戴高乐就萌发了"建立独立于美苏的西欧集团"(即第三种势力)的战略思想,[①] 1958年戴高乐再次执政后制定了"法国全球战略",其内容主要包括:第一,恢复法国在全球事务中独立自主的大国地位;第二,实行欧洲联合,建立独立于美苏之外的西欧集团;第三,支持殖民地国家和人民的解放与自决,与它们建立新型的合作关系。戴高乐确立的法国独立自主外交政策的基本构想和指导原则因其鲜明特色而被称为"戴高乐主义",旨在谋求法国在国际政治中的独立自主和世界大国地位。冷战期间,美国和苏联在中东激烈争夺:美国实行了扶植以色列、打击阿拉伯国家的政策,阿拉伯国家因此大都奉行亲苏的外交政策。而自1963年至今,阿拉伯复兴社会党作为一个泛阿拉伯民族主义政党一直是叙利亚的执政党,对外主张反帝、反殖、反犹太复国主义等。所以,叙利亚坚决反对美国偏袒以色列,支持黎巴嫩、巴勒斯坦的民族独立运动,也由此成为美国实现其改造中东战略的"眼中钉"。美国长期对叙利亚采用武力威胁、经济制裁和外交孤立等手段。特别是1978年埃及和以色列在美国的主持下通过签订《戴维营协议》实现和平共处后,叙利亚因坚持同以色列抗衡而

---

① 赵慧杰:《法国外交中的中东战略》,《西亚非洲》2006年第4期,第22页。

被美国彻底抛弃，最终成为苏联在中东地区对抗美国的重要盟友。

相对于美苏而言，法国在中东地区的影响一度陷于衰落。但在"戴高乐主义"的外交战略思想影响下，法国采取了一种被称为"第三条道路"的阿拉伯政策，即通过去殖民化进行战略收缩，改善与前殖民地国家的关系，力图成为有别于美苏两大霸权的、第三世界国家的新型国际领导者。1959年戴高乐对阿尔及利亚独立问题的表态，是战后法国在中东国际关系中变被动为主动的重要开端。[1]1974年上台的德斯坦提出"阿以平衡"的法国对中东政策，实际上是一种"倾向阿拉伯"的中东政策；1981年以反对戴高乐主义著称的社会党人密特朗上台后，继续推行从戴高乐到德斯坦时期所坚持的独立自主的外交与安全政策，加强和发展同第三世界的关系，扩大法国在国际事务中的影响。他提出法国要转向采取一种"不偏不倚"的中东政策，缓和了同美国支持的以色列的关系，但实际上仍把法国与阿拉伯国家的关系放在重要位置。由此可见，积极改善并发展与阿拉伯国家的关系，成为法国在冷战时期对中东政策的主旋律；而法国通过调整其阿拉伯政策打破了美苏霸权主导中东事务的局面，成为推动中东和平进程中的主要国际力量之一，在某种程度上甚至扮演了一种

---

[1] 赵慧杰：《法国外交中的中东战略》，《西亚非洲》2006年第4期，第24页。

不同于美苏的"国际领导者"角色。

随着冷战的结束,法国外交的回旋余地大大缩小,国际地位相对下降。① 而海湾战争结束后,美国成为中东地区唯一的超级大国。对此,法国主张建立"多极世界"、反对由美国一强独霸的单极世界。早在1991年,希拉克就曾指出,"美国企图建立新秩序,要人们承认它是这个世界独一无二的建筑师,这不会为国际社会所接受。单极世界或以美国为轴心的世界是不会实现的。"② 1995年希拉克上台后,更新了法国的阿拉伯政策。③ 其中一项重要内容就是扩大法国在阿拉伯世界的影响,积极介入中东。④ 总体上看,在希拉克时期法国表现得更加强调其世界大国的地位,外交政策更加独立自主,在中东和谈、伊拉克战争等问题上都表现出了与美国不同,甚至跟美国"唱反调"的世界大国作用,目的是希望法国成为中东北非地区事务的领导力量之一。2007年,在希拉克结束其第二届总统任期之时,

---

① 汪伟民:《"希拉克主义"——法国对外政策调整评述》,《欧洲研究》1996年第5期,第47页。

② 朱成虎等:《走向21世纪的大国关系》,江苏人民出版社1999年版,第75页。

③ P. Müller, "The Europeanization of France's Foreign Policy towards The Middle East Conflict-from Leadership to EU-accommodation", http://www.tandfonline.com/doi/pdf/10.1080/09662839.2012.698266#.UzGRqKh_ujs.

④ 陈开明:《法国新中东政策》,《现代国际关系》1996年第12期,第16—19页。

第二章 法国的叙利亚政策

法国在中东北非地区国家眼中的形象比较正面。[①]

法国与叙利亚特别是其国家上层一度发展出良好的关系。例如，1999年11月希拉克接见了尚未上台的巴沙尔·阿萨德（Bashar al-Assad），提前开始培育法叙关系[②]；2000年希拉克成为参加叙利亚前总统哈菲兹·阿萨德（Hafez al-Assad）葬礼的唯一西方国家元首。希拉克对叙利亚政权的公开的政治支持和友好姿态，得到后者的回应：2001年6月，巴沙尔的首次中东之外的访问就选择了巴黎。此外，法国还曾向叙利亚销售了配有夜视仪的自行榴弹炮等武器系统。[③] 因此，希拉克时期的法国一度曾同叙利亚发展了良好的政治、经济关系，旨在将后者纳入自己对中东事务的影响范围之内。然而好景不长，自2004年起，法叙关系因希拉克与巴沙尔之间敌意的增加开始恶化；2005年2月希拉克的好友、黎巴嫩前总理拉菲克·哈里里（Rafik al-Hariri）遇刺身亡，法国怀疑叙利亚政府是

[①] B. Mikail, "France and the Arab Spring: An Opportunistic Quest for Influence", *FRIDE Working Paper*, No. 110, Oct. 2011, p. 8, http://fride.org/download/wp110_france_and_arab_spring.pdf.

[②] S. Haddad, "France-Liban-Syrie", *Outre-Terre*, Vol. 23, No. 3, 2009, p. 174.

[③] K. R. Timmerman, "French Betrayal of America", in O. Guitta ed., "The Chirac doctrine", *Middle East Quarterly*, Vol. 12, No 4, 2005, pp. 43 – 55.

该事件的幕后黑手，并支持设立一个国际法院进行调查。此外，法国还与美国以及沙特等阿拉伯国家一道强烈要求叙利亚从黎巴嫩撤军，最终结束了叙利亚在黎巴嫩长达29年的军事存在。① 哈里里事件导致法国中断了与叙利亚的政治与经济联系，② 叙利亚则陷入被西方国家孤立的境地。法国对巴沙尔政权的疑虑和不满给两国关系蒙上了一层阴影，这也为法国后来在叙利亚危机中对巴沙尔政权实施强硬政策埋下了种子。

3. 政治领袖的政策倾向与风格

在法国外交政策出台的过程中，总统在外交决策方面起着决定性的作用。因此，法国总统个人的政策倾向与领导风格有可能影响着该国的对叙政策。奥朗德任总统的时间（2012—2017 年）里，也正是法国积极干预叙利亚内战的重要时期。因此，下面将以奥朗德为例做一观察。

法国总统奥朗德被认为是欧洲新生代政治家，其执政后的重点在于巩固政权基础，恢复经济，他对国际政治和外交相对而言缺乏经验。但同时，奥朗德是一个讲求实效、善于

---

① 1975 年黎巴嫩内战爆发后，叙利亚试图将黎巴嫩纳入现代版的"大叙利亚"，并于 1976 年以"阿拉伯威慑部队"的名义在黎境内长期驻军。1991 年的《叙黎兄弟关系合作与协调条约》规定，两国将保持特殊国家关系，叙对黎负有安全义务。

② B. Mikail, "France and the Arab Spring: An Opportunistic Quest for Influence", *FRIDE Working Paper*, No. 110, 2011, p. 3.

第二章 法国的叙利亚政策

学习的人，能够根据本国利益和自身条件等实际情况进行一些摸索。纵观奥朗德执政后的外交实践，特别是在叙利亚问题的应对方面，其恢复法国大国地位和影响的目标并未改变，在具体实施的手段和方式上能够根据形势变化加以调整，其外交政策风格表现出了较强的务实主义色彩。

奥朗德执政期间，法国继续坚持倡导国际政治经济格局的多极化和多边主义。奥朗德意识到，只有在多极世界和多边主义的国际环境下，法国才能在国际舞台发挥应有的作用。法国须同世界各国对话，以务实态度寻求化解危机与实现和平。新兴国家的崛起，预示着国际地缘政治经济格局将发生新的重大变化，因此他高度重视与中、俄等国的战略伙伴关系，通过借重多极力量实现大国关系的平衡。此外，奥朗德继续以欧盟为战略依托，力争挽回欧债危机后法国影响下降的局面。法国努力维系法德关系，化解与英矛盾，法还同德、英等国一道，积极发挥欧盟在叙利亚、伊核、巴以对话等重大问题上的重要作用。在综合实力相对下降的情况下，奥朗德继续增强法的"软、硬实力"，注重继承和发扬传统文化，以"软实力"谋求法国的大国地位。而跻身于大国行列，离不开强大的防务能力来捍卫独立外交的政策与利益，因此，奥朗德领导下的法国注重增强自身及推动欧盟的"硬实力"建设，在经济不景气背景下仍将保持每年300多亿欧元的防务预算。

值得注意的是，法国在全球战略收缩的同时，将战略

· 85 ·

重心集中于周边及传统势力范围,更加注重防范在非洲影响力的下降,巩固在非洲的存在和影响,甚至不惜武力干预非洲国家内政。① 法国在不到两年的时间中对外发动了三次直接军事干预(利比亚、科特迪瓦、马里),向世界表明其维护自身在非洲存在的决心和作为一个有战略影响的大国的地位。② 2013 年 12 月,就法国出兵中非、法国和非洲峰会等问题,奥朗德在接受媒体专访时强调,法国的角色、任务和责任,都要求法国成为一个世界大国;履行国际义务,这和法国人民对本国形象的构想相符。2014 年 9 月 24 日,法国为其在伊拉克的军事行动辩护,称欧洲和法国的安全长期面临恐怖势力的威胁;极端组织"伊斯兰国"也威胁到了地区和世界的稳定。法国作为联合国安理会常任理事国,必须承担责任。但是这些军事行动并未为奥朗德挽回民意,奥朗德在其任法国总统的 5 年时间里,可谓内受各党派夹击,外受民众诟病,成为自第二次世界大战以来民望最低的法国总统。

---

① 具体参见张骥《法国的欧洲政策与欧洲的未来》,周弘主编《认识变化中的欧洲》,社会科学文献出版社 2013 年版,第 219 页。

② ZakiLaïdi, "France Alone?" *Project Syndicate*, January 16, 2013, http://www.project-syndicate.org/commentary/why-france-intervened-unilaterally-in-mali-by-zaki-laidi; 郑若麟:《反恐,法国确保在非利益的"道义旗号"——析法国军事干预马里局势的前因后果》,《文汇报》2013 年 1 月 15 日第 6 版。

五　法国对叙利亚政策的走向

在叙利亚内战中，法国对巴沙尔政权的政策立场有一个变化的过程。在中东北非地区的政治动荡爆发前，维持叙利亚的和平与稳定是法国对叙政策的主要目标。但之后因应中东北非地区的政治动荡的冲击，萨科齐和奥朗德调整了法国对叙利亚的政策，试图对叙利亚进行"民主改造"，采取了政治施压、外交孤立、经济制裁、军事打击威胁等各种手段。在"抛弃"巴沙尔政权的同时，与沙特等海湾国家建立了一种"准盟友"的特殊伙伴关系，以增强和扩大其在中东海湾地区的影响。但随着地区动荡导致恐怖主义和难民压力上升，法国在叙利亚问题上的激进立场又呈现出了一定程度的缓和。

总体而言，法国的叙利亚政策既带有促进民主的价值诉求，也体现了明显的地缘政治意图。这使法国一方面常常追随或支持美国的立场，另一方面又通过更为积极的对叙干涉并重塑与地区力量的关系，展现出自身的独立性。此外，应对叙利亚问题引发的恐怖主义，也逐渐成为法国对叙政策的重要考量之一。那么，法国叙利亚政策的效果如何？从远期目标看，谋求中东事务上的大国地位显然是法国政策的核心诉求。就近期目标来看，法国在叙利亚问题上确立了三个方面的政策优先项：第一，尽量从人道主义方面改善局面；第二，恢复谈判，以确保可信的政治过渡；第三，继续打击恐怖主义。① 然而，事实证明，法国对叙利亚的干预政策不但给叙利亚人民带来了战争与伤亡，还导致欧洲遭遇了第二次世界大战以来最大的难民危机；叙利亚和谈之路依然坎坷；而且，法国高调反恐却接连遭遇恐怖袭击，其军事打击"伊斯兰国"的行动更多具有象征意义。至于说在中东事务上的大国地位，就目前看也是遥遥无期。总之，在叙利亚问题上，法国这只"高卢雄鸡"既有"宗主国"情怀，又难免"大国情结"，既要维护其传统利益又要与美国、俄罗斯等进行权力博弈，既要推动叙利亚的"民主改造"又难以承受政治动荡带来的恐怖主义和难民压力。简而言之，叙利亚是检视法国对外政策的一面镜子：太多的政策雄心，但实际上却难以发挥与自身实力并不匹配的大国影响，这是冷战结束以来，法国在国际舞台上长期面临的困局。在可以预见的将来，由于基本实力的限制，法国的叙利亚政策仍可能时常面临"力不从心"的尴尬。

2017 年 5 月，埃马纽埃尔·马克龙（Emmanuel Macron）赢得法国总统大选。之后，6 月 22 日，马克龙宣布，在叙利亚问题上，法国不再以叙总统巴沙尔·阿萨德为首要目标，而是专注于彻底铲除恐怖组织并期望达成叙

---

① Ministère des Affaires étrangères et du Développement international, "War in Syria: Understanding France's Position", http://www.diplomatie.gouv.fr/en/country-files/syria/france-and-syria/.

第二章 法国的叙利亚政策

和平稳定。为此，法国希望与俄罗斯合作。以法国近年来多次遭到恐怖袭击为例，马克龙说："我的政策很明确：首先，与所有恐怖组织作彻底斗争，它们是我们的敌人……第二，需要实现叙利亚稳定，因为我不想看见一个无政府状态的国家。"他指出，军事手段能解决叙利亚问题的想法是一个"集体错误"。"我深信，我们需要一份政治和外交路线图，只靠军事手段无济于事。"马克龙强调了俄罗斯在解决叙利亚问题中的重要性，说道："我们需要与各方合作，特别是俄罗斯。"而2017年8月29日，法国总统马克龙在各国驻法使节年会上表示，安全、独立和法国影响力构成了法国对外政策的三大轴心，"保障我国公民安全令打击恐怖主义成为我们外交政策的首要任务"。为此，法国将于2018年年初在巴黎召开一次打击对恐怖主义资金支持的国际会议。马克龙还说，自从遭受系列恐怖袭击以来，法国在非洲萨赫勒—撒哈拉地区、利比亚、叙利亚和伊拉克均参与军事打击极端组织的行动。法国将"伊斯兰国"视为敌人，因此在伊拉克和叙利亚恢复和平稳定也是法国的优先目标。马克龙表示，当前国际形势尚不稳定，法国将在多极化的世界格局中保持独立自主和机动灵活，奉行多边主义政策。法国还会在维护传统盟友关系的同时，根据形势需要发展可以发挥更大效能的伙伴关系。不过，尽管如此，今后法美俄等与叙利亚和中东各国各种力量如何博弈，仍需继续关注。

第三章　英国的叙利亚政策

一　叙利亚内战中英国的政策概述

中东北非地区的政治动荡爆发后,英国在欧盟成员国中可谓表现比较突出,例如同法国一道成为军事打击利比亚卡扎菲政权的"急先锋"。2011年叙利亚内战爆发以来,英国的叙利亚政策发生了一些变化:起初,英国强烈要求巴沙尔·阿萨德下台,不久即公开承认叙反对派"全国联盟"为唯一合法政权,还要求欧盟解除对反对派的武器禁运等;2015年欧洲难民危机和系列恐怖袭击事件后,英国除在伊拉克外还开始在叙利亚实施了打击"伊斯兰国"恐怖主义势力的空袭行动。而2016年6月英国以全民公投的方式决定退出欧盟后,英国一方面要将同欧盟的"脱欧"谈判列为重大事项,另一方面则开始为后"脱欧"时代的英国经贸、外交等关系在全球范围内进行布局。在上述情况下,叙利亚问题在英国外交政策议程上的显要性大大降低,而英国在叙利亚内战中的角色和作用也就相对有限了。

下面,将对2011—2017年英国在叙利亚内战中的政策立场及其演变等进行简要回顾。

1. **政治施压:要求巴沙尔下台**

叙利亚内战爆发后初期,英国将推翻巴沙尔政权作为其主要的政策立场和目标之一。例如,2011年6月,在叙利亚爆发的抗议活动已持续大约3个月之时,英国就发出了颇为强硬的声音——时任外交大臣威廉·黑格(William Hague)提出,叙利亚总统巴沙尔·阿萨德已失去合法性,后者应该要么进行改革,要么就下台。同时,在国际层面上,英国还试图在联合国获得其他国家的支持,以推动联合国安理会制定一项谴责叙利亚政府镇压行动的决议;在欧盟层面上,英国则表示如果叙利亚的暴力活动继续,可能会推动欧盟对叙利亚实施进一步制裁。同年8月,英、美、法、德等国以及欧盟等纷纷发表声明,一致要求巴沙尔下台。此外,英国还以人权保护为由在联合国等多边场合抛出议案,谴责叙利亚、要求阿萨德下台等。

2. **经济施压:推动欧盟加大对叙制裁力度**

在英、法等国的努力推动下,欧盟不断加大向巴沙尔政府施压的力度,通过了一系列制裁叙利亚的决议。

2011年5月9日,欧盟首次决定对叙利亚实施制裁,包括禁止向叙利亚出口武器或可用于国内镇压的装备,限制巴沙尔·阿萨德等叙利亚高官入境,并冻结他们的海外资产,要求欧洲投资银行暂缓在叙利亚的融资活动等。① 同年9月23日,欧盟决定禁止成员国向叙利亚石油产业关键部门投资等。11月14日,欧盟决定再次扩大对叙利亚的制裁,如禁止欧洲投资银行继续向叙银行发放贷款,并要求其中止履行与叙签署的主权项目援助合同。紧接着,11月28日,为切断叙政府的资金链条,欧盟成员国再次对叙实施新的经济制裁达成一致,包括:禁止通过国际金融机构向叙政府提供贷款,禁止欧盟企业交易叙利亚国债,禁止叙银行在欧洲设立分支机构或者对欧洲银行进行投资等。英国在欧盟层面上扮演了积极推动对叙制裁的角色,其目的之一就是要迫使巴沙尔下台。

3. 外交孤立:承认叙反对派的合法性

2012年2月,联合国安理会关于叙利亚问题的决议案因俄罗斯和中国否决未能获得通过。对此,英国等西方国反应强烈,并计划建立一个国际联盟以加强对叙制裁、对

---

① 《欧盟决定扩大对叙利亚制裁》,新华网,2011年11月15日,http://news.xinhuanet.com/world/2011 - 11/15/c_122279201.htm。

叙反对派提供更大支持等。英国时任外交大臣威廉·黑格在议会发表关于叙利亚问题的讲话，称已经下令召回其驻叙大使。4月，英、美、法等国继续对巴沙尔·阿萨德政权施压，并试图让联合国安理会通过一份主席声明，将联合国与阿盟联合特使科菲·安南提议的4月10日确定为叙各方停火、执行冲突调解计划的最后期限；而如果巴沙尔·阿萨德对停火协议"违约"，英、美、法等国威胁将可能采取"进一步的措施"。之后不久，2012年5月，叙利亚霍姆斯市胡拉镇发生平民遭袭击事件，英、法、德等国为表抗议先后宣布驱逐叙利亚大使。英国还传召了叙利亚驻英使馆临时代办，以在外交上孤立叙利亚巴沙尔政权。

此外，英国还通过支持叙反对派以向叙政府施加外交压力。2012年11月，叙利亚反对派签署了一项有关建立反对派和革命力量全国联盟的协议，成立"叙利亚反对派和革命力量全国联盟"（简称"全国联盟"）以整合所有反对派力量。对此，英国一开始表示希望叙"全国联盟"能够制订出"清晰的"政治过渡方案，但随着法国率先承认"全国联盟"为叙利亚人民的唯一代表、呼吁巴沙尔政权应该下台，英国很快就成了继法国之后第二个承认叙反对派"合法性"的西方国家。由此，英、法两国在欧盟内部成为承认"全国联盟"的"铁杆伙伴"。

4. 军事支援：支持并武装叙反对派，推动欧盟解除对叙反对派的武器禁运

除在政治、经济、外交等方面积极对叙利亚巴沙尔政权施压之外，以英法为首的欧盟国家还向叙反对派提供了更多支持，包括资金和武器装备等。但是，大部分欧盟国家认为这可能会导致更多流血冲突，因此态度谨慎。尽管如此，英国还是与美国以及叙利亚的几个邻国（如沙特阿拉伯和卡塔尔）一道，武装叙利亚反对派。①

例如，2012年8月，英国宣布将向叙反对派"叙利亚自由军"追加提供500万英镑的"非致命性"的援助，其中包括医药和通信设备以及便携式发电机。此前，英国已经承诺向叙反对派提供140万英镑的"非致命性"援助。此外，2013年3月，英法两国还要求欧盟"现在"就解除武器禁运，以使叙利亚"抵抗运动成员"能够自卫；如果欧盟不能就解除对叙利亚的武器禁运措施达成一致，英法将单独向叙反对派提供武器。同年5月14日，英国决定向叙利亚追加3000万英镑人道援助，并向叙反对派追加1000万英镑非军事援助。在英法两国的推动下，5月的欧盟成员国外长会议决定：不延长对叙利亚的武器禁运，只是延长一年对叙利亚的经济制裁。由于欧盟此前对叙利亚

---

① Clara Portela, "The EU's Sanctions against Syria: Conflict Management by Other Means", EGMONT Royal Institute for International Relations, *Security policy brief*, No. 38, September 2012, p. 1.

的武器禁运制裁有效期是到 5 月 31 日，这意味着 6 月 1 日欧盟终止对叙利亚的武器禁运，各成员国就可以自行决定是否向叙利亚反对派提供武器。由此可见，在欧盟最终决定解除针对叙利亚的武器禁运问题上，英国发挥了较为主要的推动作用。然而，英国为叙反对派提供武装的做法无异于是对叙利亚局势"火上浇油"，并不利于叙利亚问题的解决。

5. 动武威胁：遭议会否决

2012 年 7 月，英美等国向联合国安理会提交了关于叙利亚问题的决议草案，其中重点援引了《联合国宪章》第七章内容，要求叙利亚政府 10 天内从城市撤出武装部队并停止使用重型武器，否则将依据《联合国宪章》第七章对叙采取行动。根据《联合国宪章》第七章，安理会可以在其决议未能得到当事方执行的情况下采取经济制裁或军事打击等手段，以维护国际和平与安全。尽管这份决议草案由于俄罗斯和中国的否决而未获通过，却意味着当时的英国对巴沙尔政权已经产生了"动武"的念头。不过，有学者认为，美国和其他西方国家本来就没有投入更多资源的政治意愿，更不会直接军事干预叙利亚。[①] 但事实上，2012 年 8 月，英法两国外长在联合国就叙利亚问题进行磋

---

① 李伟建：《中东政治转型及中国中东外交》，《西亚非洲》2012 年第 4 期，第 9 页。

商，宣布将为叙利亚增加提供额外的人道主义援助，而且两国还警告巴沙尔称将不排除用任何手段介入叙利亚冲突的可能性，包括军事手段。

然而，在英国威胁准备对叙利亚动武的问题上，英国内部意见不一，而民众的态度也比较谨慎。2013年，关于叙政府对平民使用化学武器的传闻频传。例如，4月，英美等国指责叙政府使用化武；8月，英国媒体报道叙政府军使用了神经毒气。针对上述传闻，英美等国计划动用武力打击叙利亚，但英国内部却有反对的声音，认为军事行动可能恶化叙利亚的内战局势而导致难以预测的后果。根据当年8月的一项民意调查，50%的英国人反对空袭叙利亚，而支持者仅占25%。此外，大部分受访者还认为英国国会应该在是否参与叙利亚战争问题上进行全民投票。随着国内反对采取军事行动打击叙利亚的呼声越来越高，英国政府同意推迟对叙动武，表示将在联合国叙利亚化学武器问题调查组得出结论之后再决定是否对叙利亚展开军事行动；此外，议会将在是否对叙利亚采取直接军事干预问题上进行投票。最终，2013年8月29日，英国议会以285票对272票的投票结果否决了时任首相戴维·卡梅伦（David Cameron）关于对叙军事干预的提案。英国政府随后表示，将不会参与任何形式的对叙军事行动。

因此，卡梅伦政府希望赢得议会支持通过军事打击叙利亚的计划搁浅，而议会的否决结果被认为是英国时任外交大臣黑格的斡旋不力所致。2014年7月，英国内阁进行了改组，一直高调呼吁叙利亚总统巴沙尔下台的黑格辞职，主要原因是他所推行的外交政策——如英国近年的中东政策遭到批评。之后，英国在叙利亚问题上的政策发生了一些重大变化。

6. 强调反恐：打击"伊斯兰国"

随着叙利亚内战的持续和"伊斯兰国"恐怖势力的崛起，英国加大了反恐力度。2005年"7·7"伦敦连环爆炸案后的十几年时间里，英国一直将反恐作为其内政外交议程上的重要任务之一。2014年以来，英国更是将国内反恐级别调整为第二高的"严重级"。随着法国、比利时、德国先后发生恐怖袭击事件，英国也进一步加强了反恐戒备。2014年8月，英国内政部把本国面临国际恐怖袭击威胁的级别提高至"严峻"，认为英国遭受恐怖袭击的可能性"极高"。时任内政大臣特蕾莎·梅（Theresa May）称，此次反恐预警级别的调整，乃是针对目前伊拉克和叙利亚局势做出的反应。时任首相卡梅伦也强调，英国将加大打击极端恐怖活动的力度。随着2014年9月美国等国对位于叙利亚境内的"伊斯兰国"目标连续展开空袭，英、法、德等国则相继重返伊拉克打击"伊斯兰国"。9月26日，英国议会下院经过投票表决，以524票赞成、43票反对的结果，批准了英军参与空袭伊拉克境内"伊斯兰国"极端组织的军事行动。英国除参加了美国主导的反恐国际联盟外，还承诺提供军事或人道主义援助。

至此，英国的叙利亚政策发生了重大调整：由一年之前考虑对叙利亚进行军事打击的计划却被议会否决，转为打击伊拉克境内"伊斯兰国"恐怖势力，并得到了议会的批准。之后，随着2015年法国发生系列恐怖袭击事件，英国不断加强反恐动作。例如，针对"伊斯兰国"擅长利用社交网站宣传及招揽圣战士的特点，英国国防部决定于2015年4月成立精锐网战部队"77旅"，负责监察恐怖组织在社交网站上的活动，通过网络平台予以打击。不久，7月20日，卡梅伦宣布英国将推出打击极端主义的五年计划，以寻求阻止伊拉克、叙利亚境内"伊斯兰国"极端组织的好战分子鼓吹的极端主义意识形态在英国散播。英国还表示将致力于与美国合作以在叙利亚摧毁"伊斯兰国"组织。8月3日，英国国防部宣布英国空军将延长空袭伊拉克境内"伊斯兰国"武装的时间，把结束空袭的时间由原计划的2016年3月延长至2017年3月。英国时任国防大臣迈克尔·法伦（Michael Fallon）表示，英国将继续加大为伊拉克地面部队提供空中支援的力度，还将在军事工程和军队医疗等方面继续为伊拉克提供支持。2015年11月巴黎恐怖袭击事件后，卡梅伦称英国是时候加入打击叙利亚境内"伊斯兰国"的空袭行动了，因为英国不能"把自身安全转包给他国"。卡梅伦还表示，英国应该与法国以及其他盟友一起在叙利亚实施空袭，以战胜极端组织"伊斯兰国"。在卡梅伦上述言论的推动下，英国议会决定对增派军力打击"伊斯兰国"决议进行表决。尽管有英国军事干预伊拉克、阿富汗及利比亚却给这些国家带来更多动荡的"前车之鉴"，而且许多英国民众对本国卷入中东的又一场战争——叙利亚内战持谨慎态度，但在"伊斯兰国"宣称为巴黎恐怖袭击事件负责后，之前曾不愿在中东发起更多军事行动的英国议员认为英国有必要防范再遭此类袭击。最终，12月英国众议院投票通过了支持政府对叙境内"伊斯兰国"进行空袭的决议。

2016年1月20日，七国集团的国防部长会议决定对"伊斯兰国"在伊拉克和叙利亚等地的目标加强和加快打击。英国等国领导人同意加快对恐怖组织"伊斯兰国"的打击行动，誓言要摧毁其在伊拉克和叙利亚的大本营。但英国强调反恐的誓言却不断遭到本国发生恐袭的现实的打击。例如，自2015年法国发生系列恐怖袭击事件以来，欧洲其他国家如比利时、德国也接连遭到"伊斯兰国"的恐怖袭击而沦为恐袭的"重灾区"。相比而言，英国一度未遭到大规模的恐怖袭击。但进入2017年，英国却几乎成为"最受伤"的欧洲国家，不断遭遇"独狼式"恐怖袭击——在短短半年之内，英国就遭遇了一系列恐怖袭击，包括3月的议会大厦袭击案、5月的曼彻斯特竞技场袭击案、6月的伦敦桥汽车撞人案和伦敦芬斯伯里公园撞人案等。因此，英国一方面因"脱欧"谈判感到焦头烂额，另一方面却又不得不依然面临严峻的反恐形势。

此外，在英国决定退出欧盟的背景下，叙利亚问题在英国外交政策议程上的优先性开始降低。2016年6月英国举行全民公投决定"脱欧"后，原内政大臣特蕾莎·梅接替卡梅伦出任英国新首相。英国内政部主要负责反恐、治安、犯罪、移民等事项，因此特蕾莎·梅上台后，也十分重视反恐。例如，2017年3月英国即将如约开启"脱欧"程序前，英国议会大楼外发生恐怖袭击事件后，特蕾莎·梅发表讲话称将与恐怖袭击作斗争；6月，伦敦发生货车冲撞行人事件后，特蕾莎·梅宣布成立反极端主义专门委员会，并声称要采取军事行动，摧毁伊拉克和叙利亚的"伊斯兰国"，等等。但相对而言，在2017年3月29日英国向欧盟正式递交"脱欧"申请后，同欧盟进行谈判就"脱欧"达成某种协议无疑更是英国的当务之急。不过，截至2017年8月，英国同欧盟之间举行的数轮"脱欧"谈判依然没有取得任何实质性成果。而在叙利亚问题上，英国虽然也偶尔"发声"，但这种"高调"更多是显示一下自己的国际"存在感"。例如，2016年10月16日，英国新任外交大臣鲍里斯·约翰逊（Boris Johnson）声称，英美将寻求针对叙政府及其支持者的最新制裁。此前，约翰逊一直积极主张在叙利亚设立禁飞区，但未获得美国的支持。约翰逊还表示，除经济制裁之外还需将叙政府及其

第三章　英国的叙利亚政策

支持者交到国际法庭审判，称叙利亚问题能否解决取决于叙政府以及其支持者如俄罗斯和伊朗。然而，这只不过是英国的"一厢情愿"而已；实际上，不但此前的10月15日英国（和法国）被排除在俄、美及部分中东国家在瑞士洛桑举行的关于叙利亚问题的谈判之外，而且约翰逊关于军事干预叙利亚的想法也不切实际。因为，一方面，英国如果没有美国的支持就没有能力在叙利亚进行军事干预；另一方面，英国即使获得美国支持对叙利亚采取军事行动，也会遭到俄罗斯的反对，甚至有可能引发新的冲突或战争。

实际上，被"脱欧"问题弄得焦头烂额的英国对于在叙利亚打击"伊斯兰国"的反恐行动并不热情。2017年4月7日，特朗普执政下的美国对叙利亚的空军基地进行了轰炸，这也是美国第一次对叙利亚政府直接采取军事行动。2014年9月，美国开始对叙利亚发动空袭，但作为奥巴马政府打击恐怖组织"伊斯兰国"联合战役的一部分，当时美军仅以恐怖组织为目标，未曾攻击过叙利亚政府军。这次军事打击后，美国总统特朗普还威胁称将对叙利亚发动新一轮的军事打击。不过，特蕾莎·梅拒绝支持美国再次轰炸叙利亚的军事行动。

由上述可见，2011年叙利亚内战爆发后，英、美等西方国家基本上都曾以推翻巴沙尔政权作为首要目标，除实施经济制裁外还公开承认并从资金和军事上支持叙反对派

◆ 叙利亚内战与欧洲

"全国联盟",甚至扬言对叙动武。但随着2015年欧洲遭遇难民危机和恐怖袭击等,英国逐渐调整了它的叙利亚政策,由强调阿萨德必须下台,转为把反恐作为其在叙利亚的首要任务。所以说,推翻巴沙尔政权和在叙利亚打击"伊斯兰国"的恐怖主义势力,是英国在叙利亚政策上的两个重要选项;但随着形势的变化,这两个选项各自的优先性在英国的叙利亚政策上的表现则有所变化。

二 影响英国叙利亚政策的主要因素

2015年,欧洲不但面临第二次世界大战之后最为严重的难民危机,而且还遭遇了一系列严重的恐怖袭击事件。而自叙利亚内战爆发后,美国、俄罗斯以及土耳其、沙特和伊朗等国在叙利亚问题上也"各显其能"展开了纵横博弈。上述几个因素,在不同程度上都对英国的中东政策特别是其在叙利亚问题上的政策产生了一定的影响。

1. 难民危机的影响

长期以来,对移民相对开放的态度以及总是高举人道主义旗帜,使得欧洲成为难民寻求庇护的理想目的地。经济更发达、能提供更多援助的英、法、德等国成为难民转战的首要选择。自2011年起,共有超过100万中东与北非难民进入欧洲,仅2015年欧洲就迎来了70万难民。叙利亚内战爆发后，欧洲日益成为来自叙利亚等国"难民"的理想避难之地。据联合国难民署统计，2010年通过海路偷渡前往欧洲的难民和移民人数仅为9700人，2011年就升至7万人，而2014年则更是高达21.9万人。源源不断的难民主要来自叙利亚、伊拉克、利比亚等中东国家以及部分北非国家。而2015年上半年，这些国家战乱不断、时局动荡不安，加上"伊斯兰国"极端组织横行猖獗，使得大批难民不得不为躲避战火而逃难出国。据联合国难民署的报告，2015年前9个月，从土耳其横渡地中海抵达希腊的难民人数已接近40万，几乎是上一年全年的10倍。其中，70%的难民来自叙利亚，其余主要来自伊拉克、也门、利比亚、埃及等国。而据欧盟边境与海岸警卫署（European Border and Coast Guard Agency/ Frontex）① 统计，2015年1—7月就有34万移民进入欧洲；而此次难民潮来势汹涌、规模浩大，主体是战争难民，同时也有经济移民，甚至传言还有少数来自"伊斯兰国"的极端宗教分子。② 难怪德国总理默克尔声称，2015年的欧洲面临"二战"以来最为严重的一次难民危机。

众所周知，始于2010年的中东北非变局先后在突尼

---

① 关于该机构的情况，参见 European Border and Coast Guard Agency (Frontex), About Frontex-Origin, http：//frontex.europa.eu/about-frontex/origin/。

② 参见《欧洲面临二战以来最为严重的一次难民危机》，人民网，2016年6月15日，http：//world.people.com.cn/n1/2016/0615/c1002-28447545.html。

斯、埃及、利比亚、也门和叙利亚引发了动荡与暴力，甚至还有一些国家出现了政权更迭、经济停滞等。叙利亚的巴沙尔政权虽然在这场中东北非地区的政治动荡的风暴中幸存下来，但叙利亚这个国家及其民众却未能躲过内战的劫难。实际上，在中东北非地区发生的这一系列动荡乃至战争的背后，不难发现欧美等西方国家肆意干涉别国内政的身影。而由于上述国家动荡不安的政治局面造成了国内政权的"真空"，使得一些宗教极端分子的肆虐与猖狂获得了空间。因此，一方面，叙利亚等国不但陷入内战、民众逃离，而且成为恐怖主义势力滋生与成长甚至输出的重要源头；另一方面，英国等欧洲国家也不得不吞下因干预他国内政而产生的涌向本国的"难民潮"的苦果。

然而，面对不断涌入的难民潮，欧盟以及英法德等国不得不调整各自的难民政策加以应对。但长期以来，移民控制在英国乃是一个激烈辩论的话题。而限制经济移民的数量就是2015年5月卡梅伦以极大优势击败工党赢得大选的重要法宝。在英国保守人士看来，失控的移民潮不但会给英国教育、医疗、交通、公共服务带来沉重负担，还将带来文化冲突、族群撕裂甚至恐怖活动加剧等社会安全隐患。因此，这就不难理解英国为何带头反对欧盟2015年6月出台的把难民分配到各成员国的强制性安置计划了。事实上，即使各国在自愿基础上按照自己能力接纳，英国所承担的责任也远远低于德国、法国，甚至不如瑞典。例如，2015年前4个月，德国收到的难民申请为110350份，法国为21810份，瑞典为16985份，而英国仅为9455份。英国时任内政大臣特蕾莎·梅还公开警告说，"那些寻求庇护的人不要指望在英国他们会得到热情的欢迎"。

然而，卡梅伦政府承受着来自媒体和欧洲盟友等方面的巨大压力，他们要求英国多接收一些难民，以帮助解决日益严重的移民危机。根据国际移民组织的数据显示，截至2015年年初，已有2300多名非法移民在偷渡欧洲的途中不幸命丧地中海。2015年4月18日，约800名非法移民在地中海沉船事故中遇难的事件引发多位欧洲领导人对欧洲非法移民危机的关注，纷纷呼吁欧盟采取积极措施预防、处理类似危机。在此情况下，英国强调将把打击人口走私贩作为首要任务，努力控制逐渐失控的移民危机。2015年9月叙利亚3岁小难民艾兰·库尔迪溺水伏尸土耳其沙滩的悲惨场面，再次唤起人们对欧洲难民危机的关注。然而，根据2015年9月7日由英国康雷斯市场调查公司发起的一份调查结果，57%的英国人不想接收更多来自利比亚、叙利亚等战乱国家的难民。不过，9月德国宣布将允许更多难民入境，随后英法等国也表示将接纳更多难民，但数量远远少于德国。可以说，与德国相比，英国在难民接纳问题上并不积极。在德国宣布允许大批难民入境后，英国首相卡梅伦承诺，英国将在今后5年接收至多2

万名叙利亚难民,但英国此举更多的是一种姿态,表明英国并非冷漠之国。与德国不同的是,英国并未出现人口下滑的趋势;而据欧盟委员会预测,2060 年英国由于大量移民的涌入和较高的出生率将成为欧洲人口最多的国家。因此,英国此次难民政策调整主要是出于道德原因。

值得注意的是,对于英国政府在难民问题上的立场,大多数英国人表示支持。他们担心更多的外国移民会带来更大的经济竞争压力,同时还忧虑这些外来移民会对英国现有主流文化造成冲击。2015 年 11 月,据英国《独立报》的一项对 2000 位英国民众的调查显示,巴黎恐怖袭击事件后,由于担心继续留在欧盟可能带来安全问题,超过半数英国人希望脱离欧盟。事实上,正是受欧洲难民危机等因素的影响,英国在 2016 年 6 月通过全民公投决定脱离欧盟。因此,欧洲的难民潮涌入问题对英国民众的投票倾向造成了重大影响。而且,在欧洲移民问题形势越来越严峻的情况下,今后英国在叙利亚问题上的政策将更加务实。

2. 恐袭事件的影响

2015 年爆发的欧洲难民危机给英国等国的经济、政治、社会、安全等都带来了重大隐患和挑战。从 20 世纪 70 年代伊斯兰复兴运动以来,在中东地区宗教大规模介入国家间政治,并从政治斗争中催生出恐怖主义。例如"基地"组织和"伊斯兰国"等,都是宗教卷入国际政治斗争的产物。特别是在国际政治斗争中，一些国家向别国渗透、传播本国的宗教意识形态，就使得宗教成为一种政治工具，而如果失控则最终发展为国际恐怖主义。[①] 自2015年以来，难民持续不断地涌入使欧洲各国陷入恐慌，而欧洲在经济复苏依然脆弱的同时又不得不面临日益严峻的反恐形势。例如，"伊斯兰国"曾宣称有超过4000名的"圣战士"已混在涌入欧洲的大批难民中，并有可能在欧洲本土制造恐怖袭击事端。因此，欧洲各国在应付大批难民的同时，还需要防止和打击恐怖组织的渗透。

特别是2015年法国巴黎恐怖袭击事件发生后，反恐成为英国的一项重要任务。如前所述，2011年叙利亚内战爆发后的一段时间里，英法等西方国家一方面将推翻巴沙尔政权作为首要目标，另一方面还积极实施经济制裁、承认并支持叙反对派等。然而，随着2015年法国巴黎等地遭遇一系列严重恐怖袭击，英国不断加大反恐力度。例如，2015年1月法国巴黎的《查理周刊》杂志社遭遇恐怖袭击后，在美国的支持与法国的推动下，英、美、法等西方国家打击"伊斯兰国"恐怖组织的国际联盟在伦敦举行会议，讨论如何打击从国外进入伊拉克和叙利亚的"圣战"分子、切断"伊斯兰国"恐怖组织的资金来源等。同年2月，英美两国举行谈判，以说服利比亚同意在该国境

[①] 牛新春：《中国中东战略的基本特性》，《现代国际关系》2015年第12期，第3页。

内部署 1000 名旨在打击恐怖组织"伊斯兰国"的英军士兵。3月，英国国防部和内政部准备调派特种部队协助警方对付恐怖袭击，军队将成为其国内反恐的重要力量。7月，英国宣布将确保在特种部队和军用无人机方面的投资，以加强打击"伊斯兰国"极端分子的能力。英国还致力于与美国合作以摧毁"伊斯兰国"组织。至此，英国形成了一项较为全面、清晰的针对极端主义的反恐战略。

此外，英国除在伊拉克之外，还积极在叙利亚境内同以美国为首的国际反恐联盟一道，实施了打击"伊斯兰国"的空袭行动。2016年1月，英法德等国与美国的国防部长会议决定对"伊斯兰国"在伊拉克和叙利亚等地的目标加强和加快打击。2015年法国发生的连环恐怖袭击事件，成为英国调整其叙利亚政策的催化剂：英国将打击恐怖主义而非推翻巴沙尔政权作为其关于叙利亚政策的优先考虑。但由于英法等西方国家并未放弃颠覆叙利亚巴沙尔政权的"初衷"，所以它们对打击"伊斯兰国"恐怖主义势力并不坚决，而且经常支持有明显恐怖主义武装特征的叙利亚反对派力量。

3. 美国因素的影响

当前中东地区战略格局的基本特征是结构性失衡。[①]这主要体现为大国影响力在中东地区的失衡。一方面，美

---

① 吴冰冰：《中东战略格局失衡与中国的中东战略》，《外交评论》2013年第6期，第36页。

第三章　英国的叙利亚政策

国对中东地区事务具有强烈的霸权意图，但其控制力却有所减弱；另一方面，中东长期未能形成有效的大国协调与制衡机制。尽管如此，在一定意义上讲，美国被认为是中东最大的外部影响因素和中东政治的重要组成部分。① 不过，在奥巴马任期内，美国"转向亚洲"的战略降低了对中东问题的热情，对于在中东使用武力干涉的手段则较为谨慎。在应对叙利亚问题上，美国并未能完全按照自己的意图主导局势的发展，而是同俄罗斯等国展开博弈与某种程度的"协作"，因此是根据叙利亚局势的实际演变而变化的。这一点，对英国的叙利亚政策产生了一定的影响。

2010年7月，美国时任总统贝拉克·奥巴马（Barack Obama）与英国时任首相卡梅伦会晤，以进一步修补美英两国的"特殊关系"。就美国而言，同英国的"特殊关系"在美国全球战略中的地位有所下降；就英国而言，奉行"亲美远欧"的政策则削弱了其在国际和地区事务中的影响力。不过英国虽未"盲从"美国，但英美"特殊关系"继续存在，并通过各领域广泛的合作得以体现。叙利亚危机发生后，英国和美国加强了沟通和协调；美国对叙利亚问题的态度和应对方式，实际上影响着英国的叙利亚政策。例如，在2011年6月和8月，英国和美国分别公开要求叙利亚总统巴沙尔必须下台。2012年5月，胡拉镇袭

① 牛新春：《中国中东战略的基本特性》，《现代国际关系》2015年第12期，第3页。

· 109 ·

击平民事件发生后，英国宣布驱逐叙利亚大使，再次追随美国对此事件表示抗议。而且相比美国，英国的态度更为激进和强硬：不但传召了叙利亚驻英使馆的临时代办，时任副首相尼克·克莱格（Nick Clegg）甚至声称要禁止叙利亚官方奥运代表团成员进入英国。2012年7月，英国向联合国安理会提交决议草案，其中援引了《联合国宪章》第7条，意在威胁对叙动用武力。

再比如，2013年2月，英国时任首相卡梅伦和时任外交大臣黑格分别会见美国时任国务卿约翰·克里（John Kerry），就英美"特殊关系"以及共同关心的国际问题交换意见，双方同意在叙利亚危机、伊朗核问题等议题上加强合作。但在2013年8月叙利亚化武危机的问题上，美国的态度前后不一，再次在一定程度上影响了英国的政策。针对当时的叙利亚化武风波，西方国家指叙利亚政府利用化武袭击平民。起初，美国借此大做文章，甚至扬言将对叙利亚实施军事打击，卡梅伦也同步行动：不但召集议员商讨应对叙利亚危机，还与奥巴马进行电话沟通，商讨对叙发动导弹攻击事宜。一时间，战争乌云笼罩着叙利亚乃至中东的上空。

但奥巴马一方面宣布谋求美国国会有关军事打击的授权，另一方面却又与俄罗斯达成关于叙利亚放弃化武的框架性协议。2013年9月4日，美国国会参议院外交关系委员以10∶7的表决结果通过了对叙动武决议，决议将美国

第三章　英国的叙利亚政策

对叙动武的时限限定为60天，在提前通知国会的前提下，行动可以延长30天，共计90天，要求尽量缩小叙利亚的边界冲突，并禁止美军派出地面部队参战。然而，在同月9日俄罗斯提议将叙利亚政府化学武器置于国际监督下逐步销毁的情况下，10日奥巴马就叙利亚问题发表讲话，表示美国正与俄罗斯等国寻求合作，以迫使巴沙尔政权放弃化学武器；同时，美国军队将继续对阿萨德政权施压，如政治解决方案失败，美军将立即做出反应。12日，俄罗斯向美国提交了关于将叙利亚储存的化学武器交由国际社会共同监管的倡议后，奥巴马要求国会推迟是否对叙利亚动武的议案的表决。美国暂时搁置了军事打击叙利亚的计划，以使联合国安理会通过旨在销毁叙利亚化学武器的决议。① 在24日的联大发言中，奥巴马在全面阐述美国中东政策之后，继续强调人道主义和民主原则高于主权，并要求国际社会多边使用武力，却没有相应谈到联合国的授权。② 由此可见，在处理叙利亚化武危机的问题上，美国

---

① 2013年9月27日，联合国安理会一致通过第2118号决议，决定核查和销毁叙利亚的化学武器。决议强调"叙利亚的任何一方都不得使用、开发、生产、获取、储存、保留或转让化学武器"；决定叙利亚应充分与禁化武组织和联合国合作，包括遵守相关建议，接受有关核查人员，保障这些人员安全。这是自叙利亚冲突爆发以来，安理会所通过的第一份有关叙利亚问题的决议草案，打破了国际社会在叙利亚问题上长达两年半的僵局。

② "Obama UN Speech Transcript 2013", Politico, September 24, 2013, http://www.politico.com/story/2013/09/obama-un-speech-transcript-2013-97261.html.

实际上是做了两手的准备：一方面同俄罗斯等国合作、通过外交途径解决叙利亚化武问题；但另一方面并不放弃使用武力。这充分表明，美国始终具有干预和掌控中东的霸权意图。

因此，奥巴马对于叙利亚问题的态度和处理方式，充分暴露了美国政策的前后不连贯，显示出美国在叙利亚问题上面临困境。① 实际上，美国并未利用叙利亚化学武器事件联合英国对叙采取军事行动，并且顶住沙特阿拉伯等海湾国家压力与伊朗达成核问题协议，在一定程度上也有重新平衡中东地区地缘政治和教派力量格局，防止逊尼派在地区一派独大的考虑。② 美国在叙利亚问题上的态度及其中东政策上的变化，实际上也影响着英国的叙利亚政策。有学者认为，美国和英国等其他西方国家本来就没有投入更多资源的政治意愿，更不会直接军事干预叙利亚。③ 不过，在打击"伊斯兰国"等恐怖主义势力方面，美国还需要英国的合作，其中一个重要体现乃是组建以美国为首的包括英国在内的国际反恐联盟。

2014年9月，奥巴马阐述了美国打击"伊斯兰国"的

---

① 吴冰冰：《中东战略格局失衡与中国的中东战略》，《外交评论》2013年第6期，第38页。

② 李伟建：《当前中东安全局势及对中国中东外交的影响》，《国际展望》2014年第3期，第27页。

③ 李伟建：《中东政治转型及中国中东外交》，《西亚非洲》2012年第4期，第9页。

战略,包括:对"伊斯兰国"武装人员发动"系统的"空袭;向在地面与该组织作战的部队提供更多支持;防范该组织发动恐怖袭击;继续向流离失所的无辜平民提供人道救援。奥巴马将"伊斯兰国"称作对伊拉克、叙利亚和包括美国公民、人员及设施在内的整个中东地区构成威胁的恐怖组织,必须对这一组织加以遏制以防止其构成日益增加的威胁影响到美国等国。奥巴马强调,美国的目标很明确,即通过一项综合的持续反恐战略削弱并最终摧毁"伊斯兰国"。不久,美国就公布了一份打击"伊斯兰国"国际联盟的名单,其中包括英、法等54个国家和欧盟、北约以及阿盟等地区组织。随后,美国与其盟友开始在叙利亚境内进行空袭,打击"伊斯兰国"极端组织。

4. 俄罗斯及土耳其、沙特、伊朗等国的影响

俄罗斯是中东地区以外对该地区事务有较强影响力的域外大国,同时也是叙利亚巴沙尔政权的支持者。有国外学者指出,随着中东北非地区的政治动荡的爆发,尤其是叙利亚危机的升级,莫斯科对海湾国家的态度和政策发生了变化。[1] 而从一开始,叙利亚危机就被俄罗斯用作其国内政治的一种工具。这一判断的依据在于,叙利亚冲突升级恰好与2011年年底至2012年年初俄罗斯国内反对普京

---

[1] Alexander Shumilin, "The Syrian Crisis and Russia's Approach to the Gulf", *GRC GULF PAPER*, May 2014, p. 4.

统治的示威运动的爆发在时间上重合。①

2012年2月，俄罗斯对叙利亚出售武器招致英国等西方国家的不满，后者认为这表明俄罗斯支持巴沙尔政权。不久，俄罗斯拒绝出席在突尼斯举行的"叙利亚之友"会议，理由是该会议的现实动机不明，围绕会议的成果文件存在严重问题等。实际上，英国同俄罗斯之间在巴沙尔是否应该下台，以及"叙利亚全国委员会"能否作为叙利亚人合法代表等问题上的意见存在重大分歧。在此背景下，英国试图同俄罗斯就叙利亚问题进行沟通与协调，以弥合彼此之间的分歧。2012年8月，俄罗斯总统普京访问英国，卡梅伦承认英俄在叙利亚问题上存在立场分歧，但他又表示，英俄双方拥有确切的共识，即希望看到叙利亚结束冲突、重归稳定，两国将继续就叙利亚问题保持磋商。

然而，在叙利亚问题上，英国与俄罗斯的分歧并不容易消除。这也反映在两国对叙利亚反对派的不同态度方面。2013年3月，英国同法国一起要求欧盟解除针对叙利亚的武器禁运，以便向叙反对派提供武器。此外，英国还主张向叙反对派提供资金等支持。对此，俄罗斯明确反对为叙反对派提供武器。同年6月，八国集团峰会在共同声明中呼吁组建叙利亚过渡政府，并尽快召开叙利亚会议。但在俄罗斯的要求下，声明中并未提及巴沙尔是否必须下

---

① Alexander Shumilin, "The Syrian Crisis and Russia's Approach to the Gulf", *GRC GULF PAPER*, May 2014, p. 4.

第三章　英国的叙利亚政策

台。由此可见，在武装叙反对派的问题上，俄罗斯与英国等西方国家的分歧十分明显；而且，针对巴沙尔政权的合法性，俄罗斯与英国也持对立的态度和立场。

事实上，在叙利亚内战期间，俄罗斯在关于巴沙尔政权去留问题上一直发挥着重要作用，对英国没有做出妥协或让步。这显然深刻影响着英国的叙利亚政策。例如，2013年8月，西方国家怀疑继而指责叙利亚政府大规模地使用了化学武器，俄罗斯担心英、美、法等国可能采取军事干涉，因为这将削弱巴沙尔·阿萨德政权的军事优势及其抵御反对派进攻的能力。① 基于此，俄罗斯提议将叙利亚的化学武器置于国际监督下逐步销毁。最终，英国也因本国议会的否决未能如愿对叙采取军事打击行动。2014年3月，克里米亚危机发生后，英国等西方国家一方面在政治和外交方面对俄罗斯实行孤立政策，另一方面则追随美国对俄罗斯实施了严厉的经济制裁措施。英俄关系一度陷入低谷；但在叙利亚内战期间，在关于巴沙尔政权的合法性问题上，俄罗斯并未向英国等西方国家做出让步，始终支持巴沙尔政权。

2015年9月，俄罗斯开始在叙利亚开展打击"伊斯兰国"的空袭行动。不久，英国表示愿意与俄罗斯就打击"伊斯兰国"极端组织开展合作。10月7日，叙利亚巴沙尔政权与俄罗斯展开了新一轮更加紧密的军事合作。俄罗

---

① Alexander Shumilin, "The Syrian Crisis and Russia's Approach to the Gulf", *GRC GULF PAPER*, May 2014, p. 5.

斯海军对叙利亚境内的"伊斯兰国"武装目标进行了轰炸，标志着俄罗斯对叙利亚境内"伊斯兰国"目标的轰炸全面升级，打击方式涵盖海陆空三个维度。10月30日，俄罗斯军方表示，在叙利亚境内开展空袭一个月以来，已摧毁超过1600处恐怖分子设施。俄罗斯意在向国际社会表明其在叙利亚的反恐努力与成果，借此展现其积极的国际形象。10月29—30日，解决叙利亚危机多边会谈在维也纳举行，除美国、俄罗斯、土耳其和沙特阿拉伯四国外，英国、法国、德国、约旦、阿拉伯联合酋长国、伊拉克等国受邀参加；美国时任国务卿克里、俄罗斯外长拉夫罗夫、土耳其外长瑟纳尔勒奥卢和沙特外交大臣朱拜尔举行会谈，磋商叙利亚危机解决方案。欧盟外交和安全政策高级代表莫盖里尼、联合国秘书长叙利亚问题特使德米斯图拉、伊朗外交部长穆罕默德·贾瓦德·扎里夫也参加了本轮多边会谈。10月30日，美国时任驻俄罗斯大使约翰·特福特发表声明说，华盛顿准备好与俄罗斯合作打击"伊斯兰国"恐怖主义组织，同时希望叙利亚问题维也纳多边会谈取得进展。奥巴马希望与俄罗斯合作解决这一危机并消灭"伊斯兰国"组织，条件是俄罗斯采取建设性的立场。

2016年9月，英国对俄美就叙利亚新停火协议达成一致表示欢迎，并希望叙利亚冲突各方及相关国家做出必要努力，结束暴力。该协议是叙利亚危机2011年爆发以来，

第三章　英国的叙利亚政策

美国和俄罗斯之间第一次签署相关的和平协议，一度为推动叙问题尽快回到政治解决轨道带来希望。① 根据该协议，叙利亚政府军将停止对反对派武装的轰炸，反对派武装在停止攻击政府目标的同时必须和叙境内恐怖组织"保持距离"。② 然而，此次叙利亚停火协议的商讨，很大程度上完全是由美国和俄罗斯主导的，而包括叙利亚战场的重要外部力量——欧盟以及英、法、德三国，还有伊朗、沙特和土耳其等都似乎沦为了"配角"。而且，美国主导的打击"伊斯兰国"国际联盟在叙境内空袭叙政府军目标，导致叙政府军60多人死亡、上百人受伤。虽然美军坚持称是"误炸"，但这一事件的直接后果就是给停火协议带来严重的负面影响。最终，由于冲突各方以及各自背后的支持者之间依旧矛盾尖锐且分歧巨大，③ 美俄关于叙利亚的停火协议以失败而告终。因此，英国虽然支持美俄达成的关于

---

① 根据联合国安理会有关决议，叙利亚冲突各方应于2016年8月1日前达成政治过渡框架协议，但在叙利亚问题日内瓦和谈第二阶段谈判于4月27日结束后，叙境内安全局势急剧恶化，美俄2月主导达成的停火协议名存实亡，第三阶段谈判日期至今未定。

② 长期以来，叙利亚的武装冲突主要是集中在北部阿勒颇，这次停火协议虽然是要求在叙利亚全国范围内实现停火，但其实主要是针对阿勒颇地区。

③ 目前，叙利亚冲突各方主要有叙利亚政府、温和反对派联盟、库尔德反对派武装、极端组织"伊斯兰国"和其他极端武装派别。俄罗斯支持叙利亚政府，美国支持库尔德反对派武装和所谓温和反对派武装，名义上两国都反对和打击"伊斯兰国"。

叙冲突各方停火的协议，但很快就不得不眼睁睁地看着该协议的失效，而叙国内局势依然紧张。

这次美俄关于叙利亚停火的协议失败后，英国还否决了俄罗斯向联合国安理会提交的草案。该提案建议所有各方在阿勒颇停火，并要求从该市撤出武装人员，保障人道援助迅速和无阻碍进入。2012年10月，英国与美国不但寻求针对叙利亚政府及其支持者的最新制裁，还指责俄罗斯军事干预了叙利亚局势，指责俄罗斯在阿勒颇地区的空袭是战争犯罪行为，威胁要对俄罗斯甚至普京本人提出国际刑事指控。然而，英国的"高调"发声无法掩盖其叙利亚政策的软弱无力；而俄罗斯航母战斗群穿越英吉利海峡到叙利亚近海参战的"我行我素"的举动表明，英国并未达到威胁与恐吓俄罗斯的目的。

英国对叙利亚问题的态度与土耳其、沙特等中东海湾地区国家有相近之处，尤其是在要求巴沙尔政权下台、支持叙反对派等方面，但伊朗却是叙利亚和巴沙尔政权的坚定支持者。事实上，叙利亚是伊朗的首要阿拉伯盟友，也是伊朗支持真主党和哈马斯的重要节点。因此，沙特、阿联酋等海湾国家将伊朗视为对自身安全的重大威胁，因而寻求通过推动叙利亚变局以削弱和孤立伊朗。而土耳其则在中东变局中发现了自己争夺中东首要伊斯兰大国地位的重大机遇，[1] 削弱

---

[1] 吴冰冰：《中国应推动中东多极化趋势》，《东方早报》2012年1月5日第A16版。

伊朗和叙利亚显然对自己有利。2012年2月，伊朗从伊斯兰共和国卫队中抽调1.5万名精锐士兵进驻叙利亚的一些关键省份，以帮助叙利亚平息骚乱，实际上目的在于帮助巴沙尔政权打击叙反对派武装。此外，伊朗还反对将所谓的"也门模式"移植到叙利亚，显示了对巴沙尔政权的坚定支持。同年2月，阿拉伯国家联盟召开特别外长会议，决定停止成员国、所属机构和国际会议层面与叙利亚政府间所有形式的外交合作，呼吁联合国安理会批准成立阿拉伯国家与联合国联合维和部队以取代叙利亚观察团，还决定开启与叙利亚反对派的沟通渠道以提供全面的政治与经济支持。伊朗对阿盟的上述决定大加批驳，指责阿盟所做的"草率决策"仅仅服务于中东地区之外国家的利益，将进一步导致叙利亚局势的复杂化，损害整个中东安全局势。

在叙利亚内战期间，英国的政策基本上是同沙特、阿联酋等海湾国家站在一边，反对俄罗斯和伊朗对巴沙尔政权的支持，而与土耳其却保持着一种若即若离的关系。

三 硬实力：英国在中东的军力部署与空袭行动

中东北非地区的政治动荡中，英国积极插手中东北非地区事务，凭借自身军事力量等发挥着不可忽视的影响力。不过，在欧洲经济低迷、英国"脱欧"的背景下，英国的国防政策发生了一些变化；而且，相对于法国而言，英国在对叙动武问题上更为谨慎，在叙利亚境内对"伊斯兰国"的空袭行动实际效果没有达到预期目标。

1. 叙利亚内战期间英国安全防务政策的变化

早在叙利亚内战爆发前的 2010 年 1 月，英国保守党就制定了该党执政期间将要实施的国家安全政策，显示出其在军事干涉上要采取更谨慎的态度。保守党强调其政策的重点乃是防止战争，并且呼吁现实主义的外交政策，而不是执行试图改变世界的宏大计划。受资金短缺影响，英国的国防政策发生了一些变化。

如前所述，为削减军费支出，2010 年 9 月英国计划以协议合作的方式和法国"共用航母"，目的就是要尽力维持两国的军事力量。10 月，英国还与法国探讨了共享核防卫能力的可能，例如联合进行核潜艇巡逻。此外，为节约军费开支，英国还将把核弹头运至法国进行维护。最终，在 11 月英国与法国两国政府签署了军事合作协议，同意创建联合部队，共用航空母舰以及共同开发新的核试验设施。为应对财政赤字，2011 年 2 月，英国政府计划大规模削减英国军备，总价值约 120 亿英镑。此外，英国皇家空军将遣散 100 名飞行学员，约占总人数的 1/4。3 月，为了应对大幅削减国防开支的计划，英国国防部宣布从 2011 年 9 月起裁军 1.1 万人，到 2015 年英国军人总数将减少

1.7万人。英国武装部队国务大臣尼克·哈维则提议，英国与法国联合构建核威慑，以减少核力量的维护开支。

2. 英法两国在军事领域的其他合作

英国还与法国计划在军事领域开展更多合作，包括：共同投资以进一步开发用于作战的无人机；联合购置反舰导弹；在核电研究、航天和卫星技术等领域进行合作，等等。①

此外，英国是世界上主要的武器出口国。2015年7月，负责英国公司海外出口的英国投资贸易总署（UK Trade & Investment）——现已更名为"英国国际贸易部"（Department for International Trade）发布的一份报告称，2014年英国出口的军品总额达85亿英镑（约合132亿美元），是世界上仅次于美国的第二大军品出口国。报告指出，全球军品出口市场价值约830亿美元，英国所占的份额从2013年（出口额为153亿美元）的22%下降至16%。不过，2013年和2014年，英国是世界上仅次于美国的第二大军品出口国。报告透露，2014年，中东地区仍然是英国最大的出口市场，其中沙特阿拉伯是最大的客户。2005—2014年，沙特阿拉伯从英国进口的军品价值超过1000亿美元，是第二大用户印度（400亿美元）的两

---

① 参见第四章第三节的第2部分"法英两国在军事领域的其他合作"。

倍还多。中东占英国出口份额的66%，北美为13%，亚太地区为11%。航空航天领域占英国出口总额的87%，占全球出口总额的66%。

3. 英国在中东的军力部署与空袭行动

在叙利亚危机爆发后，英国在中东地区部署了一定的军力，还实施了在伊拉克和叙利亚境内打击"伊斯兰国"恐怖主义势力的空袭行动（见附录表2）。

冷战爆发初期，英国在塞浦路斯、埃及、也门、海湾地区等部署了数十处军事基地，具有较强军事投射能力，成为中东伊斯兰地区最有影响力的军事大国。后来，英国于1971年宣布从苏伊士运河以东地区撤出军事力量后，其在中东的军事基地数量和规模锐减。2013年以来，英国在中东地区仅维持两处军事基地（即英国皇家空军在塞浦路斯岛上的两处所谓"主权军事基地"，面积共254平方公里，约占塞全岛面积的3%。其中，阿克罗蒂里空军基地的英国皇家空军担负着打击"伊斯兰国"的任务），驻军人数为3000人以上。该基地与英国在直布罗陀的军事基地以及美国在印度洋的迪戈加西亚军事基地形成"品"字形结构，旨在保障英国在英吉利海峡—直布罗陀海峡—地中海—苏伊士运河—红海—亚丁湾—印度洋这一海上贸易生命线的安全。

叙利亚危机爆发后，英国表现出了"重返"中东的强烈意图，其重要表现之一就是在海湾地区重建海外军事基地。2014年12月，英国决定在海湾国家巴林重建军事基地。按照两国签署的军事合作协议，英国将在巴林塞勒曼港建设可驻扎大型舰艇和一定规模海军的基地，并计划于2016年左右开始投入使用。巴林邻近沙特阿拉伯与卡塔尔，近可控制整个海湾及其出入口霍尔木兹海峡，远可将战略触角伸向红海的出入口曼德海峡、苏伊士湾和亚喀巴湾，地缘政治意义非常重要。2016年11月，英国启用了在巴林的军事基地，该基地因此成为英国自1971年从中东撤军40多年后在该地区建立的第一个永久性军事基地，其意义可谓非同寻常。英国在巴林重建军事基地，表面上看是为了重新并长期驻扎海湾地区；然而，进一步来看，英国此举颇有"一石三鸟"之意：（1）显示了它对海湾国家的重视；（2）有助于实施军事打击"伊斯兰国"等极端组织的行动；（3）归根结底，英国借重建巴林军事基地重返中东，并扩大自身在中东事务中的话语权和影响力。

在叙利亚内战期间，英国还实施了打击"伊斯兰国"的空袭行动。2014年9月26日，英国议会下议院通过了一项提案，授权英国政府与盟国合作，动用包括空袭在内的手段打击伊拉克境内的"伊斯兰国"目标。但该提案明确排除了英军参与地面作战的可能性，而且并不支持英军的空袭行动范围扩大到叙利亚境内，称"任何在叙利亚境内进行空袭的提议都需要由议会另行投票决定"。随后，同月 30 日，英国皇家空军的两架"旋风"战斗机从英国位于塞浦路斯的基地起飞，在伊拉克西北部首次对"伊斯兰国"目标展开空袭，炸毁一处炮兵阵地和一辆武装卡车。英军此次空袭行动，标志着英国正式加入由美国主导、多国参与的打击"伊斯兰国"国际联盟。2015 年 8 月，英国宣布将延长空袭伊拉克境内"伊斯兰国"武装的时间，至 2017 年 3 月结束。此前，英国计划在 2016 年 3 月结束空袭。8 月 3 日，英国国防大臣迈克尔·法伦在访问伊拉克时表示，英国空军已经对伊拉克境内的"伊斯兰国"武装进行了数百次空袭，帮助伊拉克政府军打击恐怖组织；英国将继续加大为伊拉克地面部队提供空中支援的力度，还将在军事工程和军队医疗等领域继续为伊拉克提供支持。然而，单靠空中力量不足以击败"伊斯兰国"，而且英国的空袭行动仅限于在伊拉克而不包括叙利亚。因此，英军实施的空袭行动对于打击"伊斯兰国"的实际效果是比较有限的。

直到 2015 年 11 月法国巴黎恐怖袭击事件发生后，英国才最终决定在叙利亚境内打击"伊斯兰国"。12 月 2 日，英国议会下院通过了授权卡梅伦政府在叙利亚空袭 IS 的决议。尽管卡梅伦声称英国出兵的最终目的是消灭"伊斯兰国"，建立一个代表叙利亚人民的新政府。但英国这次做出的关于在叙利亚空袭"伊斯兰国"的决定，可谓"姗姗来迟"，而且实际上英国的空袭行动已经落后于美、俄、法，甚至比德国还要晚——德国已在 12 月 1 日宣布出兵叙利亚。12 月 3 日，英国皇家空军的"飓风"战机在叙利亚袭击了 6 个目标，对"伊斯兰国"控制的油田进行了打击。这意味着，英国空袭"伊斯兰国"行动的范围终于从伊拉克扩大到了叙利亚。尽管卡梅伦声称"伊斯兰国"对英国构成"根本性威胁"，英国应该响应美、法等盟友的呼吁在叙利亚打击"伊斯兰国"，但英军在叙空袭没有对战局产生决定性影响。

四 软实力：英国的政治文化、对叙政策历史及领导人风格

相对于欧洲大陆国家而言，英国作为一个岛国，其政治文化、外交政策传统及领导人的风格都较独特。这对英国的叙利亚政策也会产生或多或少的影响。

1. "岛国"政治文化

在很大程度上，一个国家的对外政策与该国自身的历史和地理等因素具有较为密切的关系。英国位于欧洲西部的不列颠群岛上，以多佛尔海峡和英吉利海峡同欧洲大陆相望。英国作为一个岛国的这种特殊地理位置，决定了它既注重延续传统又注重发挥特色的政治文化。因此，在欧洲国家中英国的政治文化比较独特，而其中岛国文化心理

与保守主义的价值观较为突出。例如，自近代以来，英国凭借其政治、军事及经济等力量在外交政策上既有奉行"光荣孤立"（Splendid Isolation）的时期，也曾经致力于推行"均势外交"。不过，总体来看，英国外交基本上都恪守和实行"均势原则"下的现实主义政策，强调纵横捭阖。当然，除了防范和制止欧洲大陆出现"霸权"或"一强独大"的强烈意图，英国的外交政策决策和实践中还具有浓厚的"美国情结"。

2. 对叙政策历史

中东地区是当今世界最复杂、最动荡的地区。长期以来，英美等西方国家频繁在中东地区推行殖民主义、新干涉主义，进行所谓的民主等价值观的输出。错综复杂的民族宗教矛盾，加之大国推行霸权主义和强权政治，使该地区热点问题跌宕起伏，原有的热点没有缓解，新的热点不断涌现。[1] 2010年中东北非地区的政治动荡爆发后，中东地区许多国家的政治、经济、社会动荡迄今仍在持续。可以说，近年来中东地区处于一个国家内部矛盾、国家间矛盾、大国博弈矛盾集中爆发的时期。[2] 而正如一些国内学

---

[1] 姚匡乙：《中国在中东热点问题上的新外交》，《国际问题研究》2014年第6期，第13页。

[2] 刘中民：《中国如何在中东地区推进大国外交？》，《社会观察》2015年第4期，第51页。

第三章 英国的叙利亚政策

者所言，叙利亚内战和恐怖主义肆虐是中东地区诸多新老问题中的一个焦点。①

从历史与现实的角度看，中东一直是英美等国博弈的重要舞台。一个重要原因，在于中东地区不但拥有世界上丰富的石油与天然气等能源资源，同时也是重要的战略通道。中东地区拥有大约70%的世界已探明原油储量，素有"世界油库"和"石油海洋"之称，而欧洲国家大约60%的石油供应来自中东。由于石油是中东地区很多国家经济的命脉，它在很大程度上影响着该地区的政治、安全局势变化以及同域外国家的关系演变。根据国际能源组织的预测，到2020年，中东地区的石油供应量占世界石油总供应量的份额将上升至55%。随着世界对中东地区石油等资源的依赖程度日益加深，英国等域外国家将更加重视中东事务，冀望对该地区的局势和秩序进一步施加影响。②

---

① 参见王锁劳《中国理念助推中东长远发展——习主席访问沙特、埃及、伊朗成果解读之二》，《解放军报》2016年1月27日第003版；吴冰冰《中国应推动中东多极化趋势》，《东方早报》2012年1月5日第A16版。

② 自1908年中东发现第一口油井开始，英国人认识到中东是个巨大的能源宝库。"一战"期间，英国就把军队投入到地中海东部地区和波斯湾。1918年，英国在整个中东驻扎的军队有上百万人。到1919年，波斯湾实际上已被英国完全控制。因此，英国控制中东，除了地缘因素外，最重要的就是因为石油。迄今，中东仍然是世界大国的必争之地。而大国争夺的最重要的利益之一，就是对中东石油的控制。

◆　叙利亚内战与欧洲

中东曾经是英、法两国的传统势力范围。例如，英国的殖民地曾包括伊朗、阿富汗以及海湾国家，而在历史上叙利亚曾历经罗马帝国、阿拉伯帝国和奥斯曼帝国等大国统治，后分裂为叙利亚和黎巴嫩并处于法国的"委任统治"之下。这也是英国和法国积极插手中东事务的重要原因。不过，中东的石油主要蕴藏在波斯湾地区，尤其是沙特、伊拉克、阿联酋、科威特和伊朗等海湾国家的已探明石油储量居世界前五位；[①] 而属于什叶派分支的巴沙尔·阿萨德的叙利亚的石油资源却已接近枯竭。在这种情况下，英国在能源上显然更加依赖于沙特、卡塔尔等逊尼派国家，而不是叙利亚。从这个角度来看，在叙利亚内战中英国之所以对巴沙尔·阿萨德政权不断施加政治、经济和外交乃至军事方面的压力，承认并支持叙反对派"全国联盟"等，其政策明显倾向阿盟及其成员国，这在一定程度上也有石油因素在"作祟"。

然而，由于英美等西方国家盲目推行"大中东计划"，成为中东乱局的重要推手。而在伊拉克和叙利亚的混乱中，极端组织"伊斯兰国"不断坐大，使得地区局势雪上加霜。在叙利亚经受着掺杂派系、宗教以及外部干预因素

---

① 海湾国家指波斯湾（简称海湾）沿岸的8个国家，包括伊朗、伊拉克、科威特、沙特阿拉伯、巴林、卡塔尔、阿拉伯联合酋长国和阿曼。

的内战之背景下,① 叙利亚的和平谈判前景并不乐观。

3. 卡梅伦的领导风格

通常而言，一个国家的外交都或多或少带有一些该国领导人的个人风格和特点，这在近年来欧美等西方国家的体现较为明显。英国的外交政策具有一定的连续性和稳定性，但在卡梅伦（2010年5月—2016年7月）和特蕾莎·梅（2016年7月至今）任首相期间，他们各自的出身经历和国际视野等，在一定程度上也使得英国外交呈现出一些风格。

以英国前首相卡梅伦为例。卡梅伦家族是英国国王威廉四世的直系后裔，1966年10月卡梅伦生于英国伦敦，曾就读于著名的被称为英国政治家摇篮的伊顿公学；中学毕业后，卡梅伦通过了牛津大学入学考试，还开始接触政治和英国政坛。从牛津大学毕业后，卡梅伦进入英国保守党工作，后曾在英国内政部任职。之后一段时间，卡梅伦

---

① 中东是犹太教、基督教和伊斯兰教等三大宗教的发源地，但长期以来宗教纠纷错综复杂。犹太教与伊斯兰教、伊斯兰教与基督教之间存有尖锐矛盾。各宗教内部尤其是伊斯兰教内部各教派之间也矛盾重重。伊斯兰教与犹太教之间的矛盾是长期以来阿以争端的重要组成部分；伊斯兰教什叶派与逊尼派之间的矛盾是导致发生两伊战争的重要因素之一；宗教极端组织也都隶属于不同的极端伊斯兰教派别，他们与伊斯兰教温和派别之间的矛盾常常导致国内政局动荡。

一度成为英国保守党的政治明星：2001年，他成为英国下议院议员，2005年仅39岁时就成为英国保守党领袖，2010年5月出任英国第53任首相，成为英国自1812年罗伯特·詹金逊以来最年轻的首相。2015年5月，保守党赢得英国大选，卡梅伦成功连任首相。但在2016年6月24日英国通过全民公投决定脱离欧盟后，卡梅伦宣布辞职，并于7月13日正式卸任英国首相。同年9月12日，卡梅伦宣布辞去英国议会下议院议员职务，从而退出了英国政坛。

在卡梅伦执政期间，英国遭遇国际金融危机、欧债危机的冲击，同时受到国际力量东移、美国重返亚洲等因素叠加的影响及英国国内政治经济条件的制约，英国外交曾表现出的一些"内倾"特征。为使英国尽快走出战后最长的经济衰退与低速增长期，也出于2015年大选"拼经济"的考虑，卡梅伦政府在全球事务中参与度降低，对外干预的冲动下降。在叙利亚问题上卡梅伦政府既注重与西方伙伴一道实施制裁、承认并武装叙利亚反对派等，在关于对叙利亚动武的问题上则显得十分谨慎。尤其是受欧洲难民危机和恐怖袭击事件等影响，卡梅伦执政时期，反恐议题在英国外交、安全政策上的显要性上升。

从整体上看，卡梅伦任首相以来，英国追求大国地位的态势并未发生根本改变。英国对外政策的重要特点是强调外交应服务于国内经济、政治议程需要，对外政策的务实性、多元化和灵活性进一步加强；但英国外交政策的重点和优先顺序出现了一些变化。一方面，英国加强了与美国的战略协调，以扭转美国重返亚洲以及与德、法等欧洲盟国接近对英美特殊关系的影响；另一方面，英国更加注重发展同中国等新兴市场国家的关系。[①] 在中东政策方面，英国的目标首先在于参与中东事务、维护英国在中东的贸易利益；其次，在一定程度上，英国试图展现其作为西方盟国之一对中东事务的态度，极力避免某些国家的政权落入反西方的极端分子手中。

在叙利亚内战的问题上，英国采取了硬实力和软实力并用的政策手段；但总体而言，自2011年叙利亚内战爆发以来，英国介入或干预叙利亚事务主要是展现自身的国际存在，实际上对改善叙利亚局势的意义并不大。如今，英国等西方国家并未实现让巴沙尔下台、"民主改造叙利亚"的目标，叙利亚人民依然面临严重的人道主义灾难，叙利亚问题和平解决的前景依然不明，英国等西方国家干涉叙利亚事务对中东地区秩序带来的冲击和影响仍将持续。

4. 英国"脱欧"的影响

目前看，英国未来的叙利亚政策走向还不明朗，特别

[①] 参见王展鹏《英国卡梅伦政府对外政策与中英关系发展》，求是网，2015年11月23日，http://www.qstheory.cn/international-al/2015-11/23/c_1117231843.htm。

是英国"脱欧"对其未来叙利亚政策的影响还需观察。2016年7月,原内政大臣特雷莎·梅接替卡梅伦担任英国首相,成为继撒切尔夫人之后英国历史上第二位女首相。在特蕾莎·梅执政期间,英国外交政策的重点乃是为"脱欧"后英国的经贸、外交关系等在全球内进行布局,叙利亚问题在英国外交政策上的重要性大大降低。实际上,2017年6月特蕾莎·梅在提前举行的大选中失利后,其在保守党内部的影响力遭受打击,首相的位置岌岌可危,不但导致英国内部政治环境不稳,而且英国"脱欧"后如何成为所谓的"全球性英国"也面临诸多变数。

第四章　德国的叙利亚政策

　　统一后的德国逐步走向"有限的正常化",但其安全政策在很大程度上跟随欧盟军事大国,如法国、英国的步伐,并且在国际事务中与美国保持协商与沟通。德美虽然经历2003年伊拉克战争期间的政治龃龉,但总体而言,跨大西洋盟友在国际事务中仍保持紧密协调。德国试图在美、俄势力之间保持中立,但在乌克兰危机后,德国与俄罗斯的伙伴关系地位下降,德国社会各界对俄罗斯的不信任感与日俱增。

　　凭借雄厚的经济实力,德国已经成为身处多重危机中欧盟的实际领导者。然而,出于历史因素、外交文化、军事实力以及国际力量制约,德国并非是欧盟安全领域的领导力量。两德统一后,德国宪法为联邦国防军在国际组织框架内参与海外军事行动开放绿灯,德国政界与学界在继续维护谨慎运用武力的传统的同时,也强调德国应在国际事务中承担更多国际责任。在德国的中东政策中,为战乱地区提供人道主义援助、积极发挥联合国作用并且进行政治斡旋成为其承担国际责任的主要策略与手段。

以2010年开启中东北非地区的政治动荡为节点，欧盟的中东政策逐渐由制度性建设、发展援助与伙伴合作转为强硬干预，运用多种制裁工具甚至是军事手段，支持利比亚以及叙利亚等国的政府更迭，推动中东地区的民主化进程。在欧盟内部长期被熏陶的德国接受并内化了这些规范，其中东政策表现出明显的维护民主人权价值观的倾向。无论是在利比亚危机还是叙利亚战争中，欧盟大国德、英、法在中东地区的外交目标并无太多差异，但是德国主张的外交手段却与英、法等欧盟主要军事力量大为不同。德国对于使用武力手段干预中东地缘政治始终抱有怀疑态度。在叙利亚危机中，德国虽和欧盟伙伴一道对叙利亚巴沙尔政权实施经济与政治制裁，但始终坚持通过政治对话解决叙利亚争端，德国外交部官方立场为"尊重人权是最佳的和平政策，德国坚持为受困于叙利亚内战的人民提供人道主义救援"。[①]

2012年叙利亚内战爆发之初，法英德三国均追随美国，将推翻属于什叶派分支阿拉维派的叙利亚总统巴沙尔政权作为首要目标。德国为挽回在利比亚战争为投弃权票

---

① Auswärtiges Amt: "Schwerpunkte deutscher Außenpolitik", Zugriff am 20.05.2016, 参见 http://www.auswaertiges-amt.de/DE/Aussenpolitik/Schwerpunkte/Uebersicht_node.html。

而带来的盟友孤立态势，同样支持叙利亚反对派。不久，具有类似国家形态的恐怖组织"伊斯兰国"乘虚而入占领叙利亚与伊拉克部分领土，中东与北非地区的混乱局势成为导致欧洲难民危机的直接原因。2015年11月巴黎恐怖袭击事件发生后，法英德等欧洲国家的叙利亚政策均有所调整。法国时任总统奥朗德宣布改变对于叙利亚政府的立场，申明"伊斯兰国"才是法国的头号敌人，将加大力度军事打击"伊斯兰国"，德国随即对法国的立场转变表示支持。2015年12月，联邦议会多数通过国防军在叙利亚参与针对"伊斯兰国"的空袭行动，这表明德国对于叙利亚巴沙尔政府的立场随着欧盟立场的转换而发生重要变化。德国将维护叙利亚稳定设为主要外交目标，不再强调推翻巴沙尔政权。在武力运用方面，德国即便派出军事力量参与打击"伊斯兰国"，但并未完全改变在叙利亚事务上的克制态度。德军宣布不会直接与"伊斯兰国"武装人员交战，而是向国际联盟提供技术和后勤等方面的支持。

本章将聚焦叙利亚战争，跟踪德国在叙利亚危机中的外交政策以及立场变化，并从国际层面与国内层面对德国的叙利亚政策进行分析。

一 德国叙利亚政策立场变化

德国传统的中东政策原则是追求和平、充当阿以之间

◆ 叙利亚内战与欧洲

的调解人、主张宗教宽容以及发展与阿拉伯国家的正常贸易。与英、法不同，德国在中东没有重大的地缘政治利益，也不具有历史形成的殖民主义传统。然而，欧盟的中东政策以2010年中东北非地区的政治动荡为起点，将制度性建设与伙伴合作转为强硬干预，运用多种制裁工具甚至是军事手段影响中东局势。德国作为欧盟的核心大国，逐渐接受并内化了欧盟的外交规范，虽然这种融入过程也历经波折。如德国在2011年的利比亚危机中违背了美、英、法的意愿，在出兵决议中投了弃权票，为此遭到盟友指责。德国政界担忧未来在国际政治中的作用逐渐被边缘化，不愿失去参与塑造国际秩序的机会。因此，在2011年年初发生的叙利亚危机中，德国的叙利亚政策融入了欧盟的立场。然而，德国追随欧盟的民主输出并没有带给叙利亚和平，反而加剧了中东混乱的局势。

总体而言，德国在叙利亚危机中的外交政策经历了从"非军事干预"到"有限制的海外派兵"的转变。

1. 非军事干预

2013年前在"黑黄联盟政府"任期内，德国追随英、法解除了对叙利亚反对派的武器禁运，对巴沙尔政权实施制裁；在军事干预问题上遵从民意保持"克制"立场，优先使用政治手段推动叙利亚政府更迭。

2012年叙利亚战争爆发之初，德国与美、英、法等西

第四章 德国的叙利亚政策

方盟友立场一致，支持叙利亚反对派，要求叙利亚巴沙尔总统下台，建立符合西方意愿的"民主政府"。德国虽然参与西方对于叙利亚政府的制裁，但始终坚持通过政治手段解决叙利亚问题，将军事干预作为最后方案。但中东北非局势持续恶化，叙利亚战局胶着，"伊斯兰国"趁机崛起；2015年起，大规模难民潮涌向欧洲，恐怖主义威胁在欧洲蔓延；同年11月巴黎遭受恐怖袭击后，法国总统奥朗德宣布"阿萨德不是法国的敌人，伊斯兰国才是"。[①]法国甚至计划与叙利亚政府合作，共同打击"伊斯兰国"。德国对于法国立场转变表示支持，并于2015年12月通过派遣"阵风"战斗机参与在叙利亚打击"伊斯兰国"的空袭行动。这意味着巴黎恐怖袭击后，德国对于叙利亚政府的立场随着欧盟立场转换而发生变化，路径如下：要求叙利亚巴沙尔政府下台——接触叙利亚反对派，寻求合作伙伴，推动建立叙利亚民主政府——参与打击"伊斯兰国"的军事行动，愿同巴沙尔政府进行谈判。

在叙利亚危机中，德国的外交手段和策略与美、英、法等国有所不同，但其支持叙利亚政府更迭，建立民主政府的最终目标与其盟友是一致的。起初，德国积极促进通

---

① "Hollande: IS ist Feind Frankreichs, nicht Assad", *Sputnik Deutschland*, Zugriff am 21.03.2016. Siehe nach: http://de.sputniknews.com/politik/20151116/305678766/syrien-is-hollande-assad.html.

◆ 叙利亚内战与欧洲

过政治方式解决叙利亚危机,将接受西方民主模式的叙利亚反对派作为合作伙伴。德国政府领导人几乎每个月都会与叙利亚反对派领袖磋商,寻求停止暴力冲突的计划。德国政界支持流亡海外的叙利亚人组成的"叙利亚之友",在德国前外长韦斯特韦勒的倡议下于2013年2月成立"经济重建和发展工作组",旨在为国际社会提供一个论坛,商讨叙利亚现政府倒台后的重建和发展计划。德国外交部向叙反对派"叙利亚全国联盟"柏林办公室提供资助,德国非政府组织频繁接触叙利亚反对派,对其实施援助,帮助其与德国社会各界交流。2013年9月,德联邦政府邀请"叙利亚之友"来德,和叙利亚其他反对派一起商议叙利亚战后重建事宜。① 德国支持"叙利亚之友"成为一个有行动能力的行为体,希望实现和平的政权更替,建立一个民主、多元的新政府。但是"叙利亚之友"在叙利亚国内并没有牢固根基,同时叙利亚反对派内部派系众多,相互争斗时有发生,德国与反对派的接触徒劳无功。

土耳其一度同叙利亚巴沙尔政府关系紧张。德国联邦议会在北约议案框架下通过援助土耳其的议案,于2013年年初派遣两套导弹防御系统以及400人的防御中队至土

---

① "Perspektiven für einen Neuanfang-Internationale Syrien-Arbeitsgruppe tagt in Berlin", Auswärtiges Amt, Zugriff am 22.03.2016. Siehe nach: http://www.auswaertiges-amt.de/DE/Aussenpolitik/Laender/Aktuelle_Artikel/Syrien/120903-AG-Treffen-Berlin.html.

耳其。一旦涉及海外军事派兵，德国联邦议会必有多方争执，各党派对于增兵土耳其的意见并不一致。执政联盟代表总体支持，德国国防部长德迈齐埃对议会快速对此做出决议表示感谢。绿党议员反对德国卷入叙利亚与土耳其争端，警告德国和北约不可在没有联合国安理会授权情况下采取行动，反对与俄罗斯对抗升级。社民党部分议员也表现出类似关切，但最终支持政府决定。所有左翼党议员都投了反对票，他们不相信土耳其会受到任何军事威胁。①德国前外长韦斯特韦勒强调称，在土耳其部署德国军队纯粹是一项防御措施。事实上，向土耳其派遣导弹防御中队的象征性意义超过实质意义，实为德国想挽回2011年在利比亚战争中因为投弃权票而造成的联盟孤立形象。② 后来德国也与土耳其进行多次协商，最终就减少派遣人数达成一致。德国明确规定，部署导弹仅为发挥防御性功能，并不是设立了监督叙利亚领空的禁飞区。

2. 有限制的海外派兵

自2015年夏季开始，来自叙利亚等国的难民潮令德国面临较大的内政压力，同年11月巴黎恐怖袭击发生后，德

---

① 郑春荣：《利比亚危机以来德国安全政策的新动向》，《德国研究》2013年第2期，第8页。

② Kaim, Markus / Seufert, Günter："Deutsche Patriot-Raketen in der Türkei. Symbolik statt Strategie"，SWP-Aktuell, 1, Januar 2013.

◆ 叙利亚内战与欧洲

国联邦议会以多数票通过协助盟友打击在叙"伊斯兰国"的决议。有学者认为，德国在安全领域仍欠缺外交政策的"前摄性建构能力"（pro-aktive Ausgestaltung der deutschen Außenpolitik）与有效的危机预防机制①。面对国际环境的变化，德国往往出于内政压力而作出被动性反应，这与德国统一后外交文化特征之间的自我矛盾性密不可分。

2015年11月13日巴黎系列恐怖袭击导致132人死亡，欧洲震惊之余，各国领导人纷纷表示和法国站在一起，共同打击恐怖主义，推翻巴沙尔政府不再是欧盟叙利亚政策的优先考虑，德国总理默克尔到访巴黎，表示支持法国的军事行动。默克尔强调，不能眼看着"伊斯兰国"势力坐大。德国防部长冯·德·莱恩表示，德国政府做出了"艰难但正确且必要的决定"。② 德国长期以来对叙利亚的军事行动持反对态度，但在巴黎恐袭后出现转圜。2015年12月5日，德国联邦议会以445票对146票的绝对多数通过了参与在叙利亚打击"伊斯兰国"的空袭行动

---

① Thomas Risse："Kontinuität durch Wandel: eine neue deutsche Außenpolitik?", *Aus Politik und Zeitgeschichte（APuZ）*, B 45/ 2004, S. 24 - 31. 李乐曾将"pro-aktive Ausgestaltung der deutschen Außenpolitik"译为"前摄性外交政策"。参见李乐曾《德国的新安全政策与联邦国防军部署阿富汗》，《德国研究》2010年第4期，第4—9页。

② 柴野：《德国高调反恐，民众担忧恐袭》，《光明日报》2015年12月5日。

议案，并向伊拉克地区的库尔德民兵组织"自由斗士"（Peschmerga）提供武器支持。① 然而，此次军事行动不在联合国框架机制内，也未得到联合国授权，而是类似于伊拉克战争时期的"志愿者联盟"。德国执政党在短期内跨越"红线"，在外交实践中突破了"克制文化"的限制。据德国电视一台民调显示，40%以上的德国民众并不支持德国派兵参与打击"伊斯兰国"的军事行动，63%的民众认为，德国参与打击"伊斯兰国"将使德国面临更多的恐怖主义威胁。"德国趋势"民调显示，58%的德国民众支持联邦国防军协助法国在叙利亚对"伊斯兰国"进行空袭，37%的民众对此持反对态度。但军事行动支持者中有59%的人认为德国的任务应仅局限于参与空中侦察和派遣空中加油机，仅34%的民众支持积极承担空袭任务。② 而"埃姆尼德"民调显示，有47%的德国民众反对出兵叙利亚，46%的人支持出兵，③ 军事行动的反对者仍多于支持

---

① "Bundestag stimmt für Bundeswehreinsatz in Syrien", N24, Zugriff am 22.04.2016, Siehe nach：https：//www.welt.de/politik/deutschland/article149602213/Bundestag-stimmt-fuer-Bun-deswehrein-satz-in-Syrien.html.

② Ellen Ehni："ARD-Deutschland Trend-Mehrheit für Syrien-Einsatz", http：//www.tagesschau.de/inland/deutschlandtrend-455.html.

③ Eva Quadbeck："Analyse：Deutsche befürworten Kriegseinsatz in Syrien", http：//www.rp-online.de/politik/deutsche-befuerworten-kriegseinsatz-in-syrien-aid-1.5609468.

者。此外，大部分支持者认为德国应仅发挥军事辅助功能，而非承担空袭"伊斯兰国"的主要军事任务。这表明德国社会上对于使用武力仍然抱有较深的怀疑态度，但是多数民众逐渐接受德国在符合国际法的前提下使用军事力量，德国政界更希望对于军事领域的"克制文化"有所突破。

从2015年1月发生的针对法国《查理周刊》的恐怖袭击到2015年11月的巴黎恐袭事件，为本土遭受恐袭感到忧虑的德国人比例从45%上升至61%。接连发生的恐怖主义事件促使德国民众支持军事打击"伊斯兰国"的比重上升，安全感骤降的德国民众对于建设强大国防的态度，已由抵制和反对转为部分理解和支持。尽管如此，仍有63%的德国人认为，参与打击"伊斯兰国"的军事行动将使德国面临更多的恐怖主义威胁。

总体而言，德国民众对于使用武力较为怀疑，偏好以政治手段解决国际危机，但在国际危机对国内政治产生影响（如欧洲难民危机与恐怖袭击）或是盟友面临威胁的情况下，德国民众开始接受有限制地参与海外军事行动，为盟友提供军事支持。这也是德国在叙利亚战争中虽然对军事干预持怀疑态度，却最终出兵援助盟友的重要原因。

相对于德国民众在"克制文化"上的犹豫，德国政界更希望突破"克制文化"的限制，在国际秩序构建中强化德国与欧盟的利益与价值观影响力。显然，政界强化德国

第四章　德国的叙利亚政策

国际参与的意愿高于民众。2014年，德国政界高层在慕尼黑安全会议上明确表达发挥更大国际影响力的意愿。时任总统高克批评以"克制文化"作为挡箭牌，对于来自盟友的要求袖手旁观。① 时任外交部长施泰因迈尔认为，德国即使仍然需要在军事行动上保持"克制"，但"克制文化"绝不等于袖手旁观。② 国防部长冯·德莱恩指出，德国有义务和责任在解决国际冲突中做出应有的贡献，无论是从安全角度还是从人道主义角度出发，德国都不能袖手旁观。③《2016年德国国防白皮书》反映了德国执政党突破"克制文化"与增加对欧盟安全的贡献的意愿。尽管如

---

① Deutschlands Rolle in der Welt: Anmerkungen zu Verantwortung, Normen und Bündnissen-Bundespräsident Joachim Gauck anlässlich der Eröffnung der Münchner Sicherheitskonferenz am 31. Januar 2014 in München, Bundespräsidialamt, http://www.bundespraesident.de/SharedDocs/Downloads/DE/Reden/2014/01/140131-Muenchner-Sicherheitskonferenz.pdf?__blob=publicationFile.

② "Rede von Außenminister Frank-Walter Steinmeier anlässlich der 50. Münchner Sicherheitskonferenz", Auswärtiges Amt, http://www.auswaertiges-amt.de/DE/Infoservice/Presse/Reden/2014/140201-BM_M%C3%BCSiKo.htmlamt.de/sid_0EEB43D1066AE45F2A36CDB5B6145357/DE/Infoservice/Presse/Reden/2014/140201-BM_M%C3%BCSiKo.html.

③ "Rede der Bundesministerin der Verteidigung, Dr. Ursula von der Leyen, anlässlich der 50. Münchner Sicherheitskonferenz am 31. Januar 2014", Bundesministerium der Verteidigung, http://www.nato.diplo.de/contentblob/4123416/Daten/3885836/redevdleyensiko2014.pdf.

此，该白皮书更像是政界的"意见协调文件"，并未就新时期德国安全政策的具体目标、价值观、国家利益以及德国承担国际责任的具体手段做出纲领性说明。① 可以说，德国主流政党对于"克制文化"心存顾虑，但缺乏具体战略目标，同时有和平主义传统的德国左翼党与绿党在德国政坛内也是大联盟政府突破"克制文化"的一道防线。

二 难民危机和恐怖袭击事件对德国叙利亚政策的影响

旷日持久的叙利亚战争令中东局势再次陷入混乱。欧洲原本希望借助中东北非地区的政治动荡掀起中东北非地区的民主化浪潮，结合军事手段以及政治制裁，推动当地政权更迭，建立符合西方民主模式的新政府，但是中东北非地区强权政府倒台后并未建立欧美设想的"民主政府"，反而产生了一批丧失基本治理职能的"失败国家"。② 不

---

① Claudia Major, "Germany: The (Not So) Timid Leader", Carnegie Europe, http://carnegieeurope.eu/strategiceurope/? fa = 67896&mkt_ tok = eyJpIjoiTm1SbU16VmtObUV4Tm1JeiIsInQiOiI1 enlLRitMZlB6NDQ5Ym9LWnBQQ0NvdUI0SHFPVkViWTBWNDFKTmYyZkJsc2tEQ0lDYVk1UUdHUFJhK2JuZXNmSVhMd0dkVQWs3Z2hYQVddpZWtIZ2E0Q1ZlaWoxbUpLWVlReDRyY2JwV1EweFZlTUp1OW1tRVprZlZdjTzlvZHpNKyJ9.

② 田德文：《欧洲难民危机的国际政治分析》，《山东社会科学》2016年第2期，第132页。

同宗教派系之间的冲突，政府与反对派军事对抗，国际力量的干预与角逐以及"伊斯兰国"、努斯拉阵线（Al-Nusra Front）等"圣战"组织轮番在叙利亚展开角逐，叙利亚境内实现停火遥遥无期。

1. 难民危机的影响

2016年2月，美、俄促成的叙利亚政府军与反对派达成停火协议后战火仍在持续，德国多番政治斡旋的有效性大打折扣，德国跟随西方盟友进行对叙利亚恐怖组织的空袭行动缺乏明确的战略目标。可以说，西方在叙利亚已经穷尽了军事以及政治和经济制裁手段，却并未有效解决叙利亚危机，国家失序以及圣战组织的势力扩张迫使越来越多的叙利亚平民逃离家园。自2011年叙利亚危机爆发以来，约有1200万叙利亚人民背井离乡，其中700万人被迫迁往叙利亚其他城市，500万人逃往国外。约旦、黎巴嫩与土耳其等邻国接收共约430万叙利亚难民，欧洲也逐渐成为"战争难民"的理想避难之地。自2011年起，共有超过100万中东与北非难民进入欧洲，仅2015年欧洲就迎来了70万难民。①

---

① "Die Fakten zum Krieg in Syrien", Spiegel Online, Zugriff am 10.08.2016, Siehe nach: http://www.spiegel.de/politik/ausland/krieg-in-syrien-alle-wichtigen-fakten-erklaert-endlich-verstaendlich-a-1057039.html#sponfakt=15.

德国实施较为开放的难民政策，成为欧洲接纳难民人数最多的国家。这是出于人道主义价值观、历史反思、经济实力以及劳动力市场需求等因素的综合考虑的结果。人道主义因素在德国"文明力量"的外交定位中发挥重要作用。第二次世界大战中受纳粹迫害的大量德国民众流亡海外，历史反思促使德国政界与民众对于难民较之其他欧洲国家更为宽容。2015年9月，据德国电视二台"政治晴雨表"调查显示，67%的德国民众赞同接纳滞留在匈牙利的难民入境；德国经济学家还曾指出配合有效的移民融入政策，难民将弥补由于德国人口老龄化而造成的劳动力市场短缺，推动德国经济增长。① 德国总理默克尔在2015年难民危机高峰期发出"我们能搞定"（Wir schaffen das！）这样的政治表态其实也是迎合民意的表现。

然而，欧洲各国对于接纳难民的分歧较大，德国在难民危机中陷入孤立。德国接纳难民之举并未得到东欧与南欧地区的欧洲伙伴的支持，匈牙利、塞尔维亚等国纷纷关闭边界，匈牙利、斯洛伐克等欧盟成员国拒绝分担难民配额，保证人员自由流动的《申根协定》以及难民首次入境国负责登记的《都柏林公约》均面临严重挑战。法国也因为接连不断的恐怖袭击事件对于接收穆斯林难民半心半意，欧洲团结一致的口号陷入尴尬境地，欧盟在难民问题

---

① 黄萌萌：《德国开放性难民政策的成因与挑战》，《理论视野》2016年第1期，第63页。

第四章 德国的叙利亚政策

上的离心力令德国越来越感受到"单枪匹马"的难以承受之重。

国内层面，联邦政府陷入执政困境，德国社会面临着极右翼崛起的威胁。2015年在德注册的叙利亚难民多达43万人，入境德国难民人数多达110万人，2016年1—6月德国每月的难民申请人数介于5万—7万之间（见附录图1），加之来自巴尔干地区的"经济难民"，德国对于难民的承载能力以及民众中曾经流行的"欢迎文化"很快便到达临界值。德国各联邦州抱怨缺乏政府资金支持，德国执政联盟内部就默克尔难民政策争吵不断，特别是基民盟（CDU）的姐妹党——巴伐利亚的基社盟（CSU）不断要求设置接收难民的上限，基社盟党主席泽霍夫公开批评默克尔的难民政策，默克尔的执政根基受到挑战。德国民众也普遍感受到负担过重，对于恐怖袭击的恐惧以及现行难民政策的不满与日俱增。特别是在2016年1月科隆大规模性侵事件以及2016年7月中下旬在德国维尔斯堡、慕尼黑、罗伊特灵根、安斯巴赫根接连发生的四起"独狼式"恐怖袭击后，德国民众对于穆斯林难民的暴力倾向、恐怖主义威胁的恐惧以及难民接受德国主流文化的能力与意愿愈发质疑。据德国电视一台民调显示，2016年8月65%的民众对于默克尔的难民政策表示不满，当月支持其2017年再次当选总理的民众只有46%，默克尔的民众支持率由2015年4月的75%下降到2016年8月的

47%，76%的德国人对于德国本土遭受恐怖袭击感到担忧。①

德国国内反对难民的极右翼势力和民粹主义政党选择党（AfD）借机大做文章。2014年年底，民粹主义政党——"欧洲爱国者反对西方伊斯兰化组织"（Pegida）在德累斯顿进行大规模的抗议游行，2015年极右翼分子甚至针对难民营制造了180次纵火事件。2016年，选择党在巴符州、莱法州、萨安州以及梅克伦堡－前波莫瑞州选中的支持率均上浮10%以上，成为各州的第二或第三大政党。即使在以多元文化著称的柏林，选择党也以14%的选票进入州议会，主流政党如联盟党和社民党则陷入执政泥潭，支持率均有下降。2017年9月的德国大选，默克尔领导的联盟党尽管维持住第一大党的地位，但选择党却拿到超过13%的选票，跃升为全德国的第三大党，首次进入联邦议会。虽然德国主流政党仍然具有民众基础，并且一致抵制与选择党进行组阁谈判，但是极右翼力量在德国的支持率飙升展露出危险的政治信号，这不仅是对德国战后所进行的历史反思、多元文化以及文明力量传统的挑战，同时也加剧了德国的内政压力。

---

① " ARD-Deutschlandtrend-Mehrheit gegen EU-Beitritt der Türkei", Tagesschau. de, Zugriff am 12.08.2016, Siehe nach: http://www.tagesschau.de/inland/deutschlandtrend-585.html.

2. 恐怖袭击的影响

恐怖袭击对于德国本土以及欧洲的威胁、难民危机的挑战及其所带来的内政压力促使德国开始反思近年来跟随欧盟以及美国等盟友执行的叙利亚政策。叙利亚战乱不平，愈来愈多的叙利亚平民沦为难民，逃往邻国或者借助蛇头组织进入欧洲。在叙利亚成为"失败国家"的同时，恐怖组织如"伊斯兰国"却形成具有财政、税收机制的"国家化"形态，恐怖组织在叙利亚以及伊拉克北部地区的扩张表明德国及欧盟的叙利亚政策已然失败。

巴黎恐怖袭击以及德国境内"独狼式"的恐袭更是给德国敲响了警钟，成为德国叙利亚政策转折的催化剂。德国认为解决难民危机的根源在于稳定叙利亚局势。德国曾经跟随欧盟与美国，将推倒巴沙尔政府、建立民主与多元的新政府视为叙利亚政策的首要目标，德国联邦政府也曾对"叙利亚之友"与"叙利亚全国联盟"等反对派组织抱有很大希望。但事实证明，德国无法找到具有"民主合法性"并且有"治理能力"的叙利亚反对派合作伙伴。因此，德国的叙利亚政策在内政压力以及盟友立场转变的双重条件下发生变化，2015年年底巴黎恐怖袭击发生后，默克尔旋即到访巴黎表达支持法国的决心，承诺支援法国在叙利亚的军事行动。而2016年7月，德国接连发生几起恐怖袭击事件后，德国总理默克尔承诺政府将采取一切手段打击恐怖主义，并宣布了旨在打击恐怖主义、加强德国安全的"九点计划"。默克尔宣布的"九点计划"主要包括：降低遣返避难申请者的门槛；建立发现难民极端化倾向的"预警系统"；组织德国警察和军队联合演练反恐措施；扩大加强联邦国防军在内部反恐行动中的作用；在欧盟层面上尽快实现反恐情报数据的联网等。

德国叙利亚政策的外交目标设定由推翻巴沙尔政权转为打击"伊斯兰国"以稳定叙利亚局势。为此，德国认为与伊朗、巴沙尔政府以及俄罗斯进行政治谈判是必要策略。① 在方式和手段上，德国则由恪守政治斡旋、提供人道主义救援以及经济制裁等非军事手段转变为支持美国和法国在叙利亚开展的打击"伊斯兰国"等极端组织的军事行动。德国主要为法国提供军事辅助支持，但其军事贡献的象征意义大于实际意义。

德国学界与政界对于在叙利亚军事行动的有效性争论得很厉害。位于柏林的德国科学与政治基金会的学者奥利维亚·塔明哥（Oliver Tamminga）认为空袭并未有效遏制"伊斯兰国"的扩张，"伊斯兰国"隐藏在平民之中并且擅长利用游击战略躲避空袭，这对于空袭的目标侦察以及情报信息的要求非常高，加之叙利亚反对派缺乏训练有素

---

① Guido Steinberg: "Eine deutsche Strategie für Syrien", SWP, Zugriff am 22. 08. 2016, Siehe nach: http://www.swp-berlin.org/de/publikationen/kurz-gesagt/eine-deutsche-strategie-fuer-syrien.html.

第四章　德国的叙利亚政策

的武装人员进行地面配合，这大大削弱了西方在叙利亚采取军事行动打击"伊斯兰国"的有效性。①

在巴黎恐怖袭击发生后，德国在叙利亚问题上的立场与手段有所改变，但是其叙利亚政策依然具有连续性。首先，德国一直主张采取政治对话解决叙利亚危机，只是其致力于促成叙政府与反对派达成停火协议的政治斡旋始终未达到理想效果，这与美、俄在联合国安理会的针锋相对、美国为叙利亚反对派（其中有些甚至可归于恐怖组织范畴）输送武器、土耳其、沙特阿拉伯、卡塔尔等国的介入以及"伊斯兰国"的扩张息息相关。德国对于在叙利亚军事行动的有效性同样心存质疑，认为空袭缺乏明确的任务目标，德国所提供的军事辅助支持更多只是为了展示联盟的团结而已。其实，德国早已意识到美国与欧盟在中东的强制性干预政策将会扰乱中东局势，欧洲最终将受牵连并承担后果。在 2014 年的慕尼黑安全会议上，德国总统、外交部长以及国防部长在探讨欧洲的安全形势时就达成一定共识，即类似叙利亚、伊拉克、利比亚等地的争端很有可能造成整个区域的动荡。德国认为，没有稳定和安全，这些地区就不会出现社会经济成功发展，而社会进步、经

---

① Tamminga, Oliver: "Zur Relevanz von Luftmacht im Kampf gegen den Islamischen Staat", SWP, Zugriff am 22. 08. 2016, Siehe nach: http://www.swp-berlin.org/fileadmin/contents/products/aktuell/2014A70_tga.pdf.

◆　叙利亚内战与欧洲

济发展才是实现区域持久和平的重要保障。因此，德国外交政策、安全政策和发展政策的目标之一就是提倡各方共同合作，在这些国家和地区成功实现社会经济发展，从根源上解决难民危机就需要中东与北非的局势稳定。这也是最初德国主张通过政治手段，反对向叙利亚反对派提供武器以及军事干预叙利亚危机的重要原因。

其次，德国的叙利亚政策受制于土耳其。德国支持叙利亚库尔德民兵组织"自由斗士"，从2014年起对其进行军事培训并且提供武器装备，将其视为对抗"伊斯兰国"的有效力量。基民盟党团主席考德尔甚至建议德国扶持库尔德民主联盟（PYD），向其运输武器与武装培训，成为在叙利亚对抗"伊斯兰国"的有生力量。① 但是，土耳其埃尔多安政府一直将库尔德武装组织视为国家分裂势力，认定库尔德民主联盟是恐怖组织——库尔德工人党（PKK）在叙利亚的分支。土耳其军队于2016年8月24日进入叙利亚，埃尔多安表示此举不仅要打击"伊斯兰国"，同时也要打击库尔德民主联盟。因此，若无土耳其支持，德国扶持库尔德武装组织打击"伊斯兰国"的计划将受到较大阻力，同时也将加剧叙利亚库尔德地区与土耳

---

① "Kauder will verbotene PKK unterstützen", Handelsblatt, Zugriff am 23.08.2016, Siehe nach：http：//www.handelsblatt.com/politik/deutschland/kampf-gegen-den-is-kauder-will-verbotene-pkk-unterstuetzen/10845348.html.

其的纷争。而土耳其又是帮助欧洲遏制难民潮的关键国家,难民危机中欧洲受制于土耳其。但是2016年《欧土协议》防止非法难民入境欧盟的实际效果一直备受争议。特别是在土耳其军事政变失败后,总统埃尔多安对于欧盟的不信任感上升。

最后,巴黎恐怖袭击发生后德国不再将推翻叙利亚巴沙尔政府作为首要目标,而是希望缓解叙利亚各方冲突。德国时任外长施泰因迈尔2014年曾认定叙利亚未来不会有巴沙尔政府,而2016年叙利亚日内瓦会议后,他承认短期内叙利亚的未来需要有巴沙尔政权。① 但德国认为可以和巴沙尔政府进行谈判,却无法与之结为联盟,共同对抗"伊斯兰国",这说明德国不得不顾及美国在叙利亚问题上的立场。

三 德国在中东的"硬实力"

德国在中东的军力部署(见附录表2)与德国叙利亚政策的立场变化呈正相关关系。虽然德国在中东并不是主要的军事贡献国,但其所承担的任务不断深化:由最初所

---

① "Neue Gespräche nähren Hoffnung auf Waffenruhe für Aleppo", N24. de, Zugriff am 24.08.2016, Siehe nach:http://www.n24.de/n24/Nachrichten/Politik/d/8457206/neue-gespraeche-naehren-hoffnung-auf-waffenruhe-fuer-aleppo.html.

◆ 叙利亚内战与欧洲

坚持的协助北约盟友构建防御体系，到主动组织培训库尔德士兵，最后，在巴黎恐袭发生后，宣布直接参与打击"伊斯兰国"的军事行动。从地域范围来看，德国的驻军逐步从叙利亚的邻国土耳其延展至伊拉克北部，当然，土耳其仍是德国的主要军事驻地。

2012年11月，作为北约盟友的土耳其请求北约给予军事支持，保护土耳其领土以及国内民众免受叙利亚战争侵扰。北约理事会于12月做出"增强北约一体化空中防御"的决议。同月，德国联邦议会在该议案框架下通过援助土耳其的议案，并于2013年初派遣两套导弹防御系统以及最多400人的防御中队至土耳其。

德国执行北约任务的主要内容与条件为：1."爱国者"地空导弹武器系统仅发挥防御功能；2.导弹武器系统不可用于支持设立叙利亚领空禁飞区或者进行主动进攻；3.在北约框架内执行此次任务；4.土耳其为德国海外驻军提供相关保障与支持；5.德国协助当地美国、荷兰驻军保卫"北约盟友"土耳其。[①]

德国士兵自2013年1月25日起，驻扎在土耳其的卡赫拉曼马拉什，距离叙利亚边境约100公里。同时，两套"爱国者"地空导弹武器系统也于次日纳入北约指挥体系。德国此次海外驻军旨在制止叙土边界发生潜在冲突，协助

---

① "Bundeswehr im Einsatz：Entstehung，Entwicklung，Überblick"，Bundesministerium der Verteidigung，Berlin 2013，S. 126.

第四章　德国的叙利亚政策

维护土耳其和平安全以及区域稳定，德国此举在很大程度上是在向北约盟友展现联盟团结。

"伊斯兰国"占领叙利亚部分领土，还控制伊拉克北部和西部约四分之一的领土。2015年1月德国联邦议会已经通过决议向伊拉克派出150名国防军在伊拉克北部埃尔比勒培训及装备库尔德民兵组织"自由斗士"，间接参与国际联盟打击"伊斯兰国"的行动。德国士兵还负责协调国际组织在伊拉克北部的人道主义物资运输。2014年9月，德国联邦国防军已在巴伐利亚州建起了一个军事训练场地，受训者是32名库尔德"自由斗士"士兵，他们在德国学习如何使用德国向其提供的武器装备，包括"米兰"（Milan）可携带式反坦克火箭筒的操作，受训之后库尔德士兵将投入到与"伊斯兰国"的战斗中去。①

德国提供军事辅助功能的形式日渐多样化，培训与武装中东当地士兵以维护当地安全成为新趋势。早在"伊斯兰国"占领叙利亚部分领土、控制伊拉克约四分之一的领土时，联邦议会就已在2015年1月通过决议，向伊拉克派出150名国防军在伊北部埃尔比勒培训并装备当地库尔德民兵组织"自由斗士"，德国士兵还负责协调国际组织在伊拉克北部的人道主义物资运输。该决议还批准联邦国防

---

① 《伊拉克库尔德民兵在德受训面部涂迷彩保密身份》，国际在线（CRI Online），2016年4月2日，http://gb.cri.cn/42071/2014/09/29/6992s4712065.htm。

军派遣一艘反潜护卫舰，护卫在地中海东部执行任务的法国"戴高乐"号航空母舰；派出空中加油机空客 A310 MRTT，支持法国拍摄卫星地图；为空袭行动出动 6 架"阵风"侦察机，保障在叙利亚上空进行不间断的侦察工作，这些侦察机使用土耳其吉尔利克（Incirlik）空军基地。在人员方面，德国派遣 1200 人参与打击恐怖分子。其中空中补给 150 人，侦察兵 400—500 人，护航人员 300 人，后勤人员 50 人等。① 但相对于英国和法国，德国做出的军事贡献较少，这不仅是因为德国政界顾及社会各界对"克制文化"认可度高，同时也与其军事实力紧密相关。漫长的和平使得德国军备严重老化：德国议会国防委员会称，德国 56 架运输机中仅有 24 架，83 架直升机中仅有 16 架，109 架"阵风"战斗机中仅有 38 架可以正常使用。②

2015 年 11 月 13 日巴黎遭遇恐怖袭击后，德国联邦议会于 12 月 4 日通过军事打击"伊斯兰国"的决议，其主要目的是为法国以及盟友打击"伊斯兰国"提供军事支持，任务为期一年。此次德国派兵规模很大，超过了此前

---

① "Syrien und Irak: Kampf gegen den IS", https://www.bundeswehr.de/portal/a/bwde/!ut/p/c4/04_SB8K8xLLM9MSSzPy8xBz9CP3I5EyrpHK9pPKUVL3UzLzixNSSqlS94sqizNQ 8_ YJsR0UAPldpNQ!!/.

② 《外媒称德国军队"捉襟见肘"：装备差，人员纸上谈兵》，参考消息网，2016 年 4 月 6 日，http://www.cankaoxiaoxi.com/mil/20160329/1112208.shtml。

十几年德军的历次海外军事行动,同时也突破了"维和"和"培训"两大目的。但德国主要发挥的依然是军事辅助功能,协助盟军打击恐怖组织。德国宣布不会直接与"伊斯兰国"武装人员直接交战,而是向法国以及国际盟友提供技术和后勤等方面支持。

德国参与叙利亚的军事行动在一定程度上突破了其在军事领域的"克制文化",尽管其主要工作仍是协助盟友打击"伊斯兰国"。德国虽然拥有高效率以及尖端科技的军事技术,并且是世界上第三大武器出口国,但是德国国家的军队建设却难称处于世界领先水平。德国联邦国防军装备与美国相比仍有较大差距,德国国防预算仅占国内生产总值的1.3%,远远低于2014年9月北约威尔士峰会确定的2%的目标,德国军队开支中只有16%用于军事装备维修和采购,高达50%的开支是人力成本。纳粹发动第二次世界大战的梦魇虽已过去70年,但是德国对于自身军事实力的主观制约仍然存在。

德国安全政策在很多情况下是根据盟友要求,或出于国家内政与安全需求进行的被动式反应,这引起北约和欧洲盟友对于德国承担军事责任过少的不满。在叙利亚战争中,德国主要协助法国进行空中侦察,避免与地面武装人员正面交锋,这与英、法等国派出战斗机参与空袭的行动明显不同。德籍北约上将汉斯－罗塔尔·多姆罗斯(Hans-Lothar Domroese)直言,北约军事大国对于德国在军事领域的"克制文化"和表达国家利益时过于谨慎的做法表示不解。①

特朗普当选美国总统后不愿单方面为欧盟安全埋单,要求德国提高对北约的军事贡献;英国公投"脱欧"后,欧盟期待德国在欧盟安全政策上承担更多责任。盟友压力与国际环境变化等外部因素成为影响德国外交文化的变量,德国亟须在安全政策上做出回应和调整。其外交文化的原有特征"联盟团结"和"克制文化"与"承担更多国际责任"之间矛盾性凸显。一方面,德国难以在国际事务中固守原来的外交文化;另一方面,德国社会内部对于军事手段的使用仍存较大分歧。2003年伊拉克战争时期,80%以上的德国民众具有反战倾向,即使2015年的巴黎恐袭带动民意支持海外派兵,但德国社会反战力量的影响力仍不容低估,对于缺乏联合国授权且无明确行动目标的海外派兵行动持怀疑态度的民众接近半数。

总体而言,新时期德国安全政策定位尚未成型,涉及军备现代化、提高军费支出以及增加军事人员的军事改革是"言辞优先于行动"。即使德国总理默克尔在2017年慕尼黑安全会议上承诺将德国军费提高至国内生产总值的2%,但在大选之年,该要求无疑会遭受民众质疑,较难

---

① Christian Thiels: "Sicherheitspolitik in Deutschland: Es fehlt am Willen zur Debatte", http://www.tagesschau.de/ausland/sicherheit-spolitik-bundesregierung-101.html, last accessed on 12 February 2017.

执行。① 可以说，中短期内德国的外交政策仍受到"有限制的克制文化"的束缚。

四 德国的"调解人"角色：在美国与俄罗斯之间的平衡外交

在叙利亚危机中，德国的一个重要外交角色是在美国和俄罗斯之中充当"调解人"，寻求发挥缓和作用。一方面，缓和美国对于叙利亚巴沙尔政府的强硬态度以及对抗性政策；另一方面，缓和俄罗斯与伊朗方面反西方的强硬态势。德国希望美国和俄罗斯能够在叙利亚巴沙尔政府去留的问题上通过谈判达成妥协，并且在联合国安理会框架内就解决叙利亚危机采取一致行动。德国时任外长施泰因迈尔致力于进行多边调解，体现德国承担更多国际责任的意愿，但是作为"调解人"的德国却缺乏有效的资源与手段来制止冲突，德国的外交斡旋被打上"不知所措"的标签，具有被动式反应的特征，其实际效果令人质疑。②

---

① Christian Thiels："US-Vize in München-Der Botschafter des Presidenten"，http：//www.tagesschau.de/inland/sicherheitskonferenz-muenchen-merkel-105.html，last accessed on 18 Feb 2017.

② Herzinger, Richard："Das gefährliche Problem der deutschen Außenpolitik"，N24.de，Zugriff am 20.08.2016，Siehe nach：https：//www.welt.de/politik/deutschland/article150198763/Das-gefaehrliche-Problem-der-deutschen-Aussenpolitik.html.

◆ 叙利亚内战与欧洲

　　自 2011 年起，美国坚持推翻叙利亚巴沙尔政权，建立民主和稳定的叙利亚过渡政府，支持沙特、卡塔尔等逊尼派国家资助叙利亚反对派武装。美国国防部从 2014 年起培训叙利亚反对派武装，向其运输武器，并且设立 5 亿美元的资助项目。但是美国与沙特、科威特、卡塔尔等逊尼派海湾国家支持的叙利亚反对派与恐怖组织有着千丝万缕的联系，美国武器不断被叙利亚反对派以及特定组织运送到"努斯拉阵线"以及"伊斯兰国"等恐怖分子手中，美制陶式反坦克导弹甚至成为"努斯拉阵线"与政府军交战的主要工具。① 美国实际上并未严格监控武器的流向，甚至对反对叙利亚政府的恐怖组织有纵容之意。直到"伊斯兰国"在欧洲发起恐怖袭击，美国官方才将打击"伊斯兰国"设为首要目标。②

　　俄罗斯是叙利亚巴沙尔政府的坚定支持者，无论是出于冷战时期叙苏联盟的历史情怀，还是出于叙利亚是俄罗斯在中东政治影响力的重要维护者与军事盟友（俄罗斯在叙利亚塔尔图斯港建有海军基地），巴沙尔政权是俄罗斯

---

① Todenhöfer, Jürgen: "Interview mit Al Nusra-Kommandeur Die Amerikaner stehen auf unserer Seite", Kölner Stadt-Anzeiger, Zugriff am 27.09.2016, Siehe nach: http://www.ksta.de/politik/interview-mit-al-nusra-kommandeur －－die-amerikaner-stehen-auf-unserer-seite －－ 24802176.

② "Die Fakten zum Krieg in Syrien", Spiegel Online, Zugriff am 10.08.2016, Siehe nach: http://www.spiegel.de/politik/ausland/krieg-in-syrien-alle-wichtigen-fakten-erklaert-endlich-verstaendlich-a-1057039.html#sponfakt=15.

第四章　德国的叙利亚政策

在叙利亚军事存在以及在中东发挥政治影响力的重要保证。俄罗斯指责西方的叙利亚政策并未顾及俄罗斯的地缘政治利益，美、俄双方在巴沙尔的去留问题上僵持已久。

2016年2月在瑞士日内瓦举行的叙利亚和谈陷入僵局，叙政府军与反对派的停火协议"名存实亡"。同年8月初叙利亚和谈重启之后，美国与俄罗斯就叙利亚问题达成一些共识，双方发表声明，表示将坚决打击叙利亚境内的"伊斯兰国"等恐怖组织，促成叙利亚政府军与反对派的停火协议，加强对叙利亚的人道主义援助，切断叙境内恐怖组织的境外物资输送渠道。但是签订停火协议仅一周后，以美国为首的反恐联军在空袭行动中"误炸"叙政府军据点，造成60余名政府军伤亡。此次"误炸"不仅打翻了美俄摇摆不定的"友谊小船"，而且为"伊斯兰国"发动进攻提供可乘之机。"误炸"将停火协议推至崩溃边缘。俄罗斯指责美国蓄意而为之，而美国辩称是误伤，双方代表在联合国安全理事会召开的紧急会议上激烈交锋。9月底，叙利亚阿勒颇战火不断，"伊斯兰国"对叙利亚东部代尔祖尔机场附近萨尔达山发动攻击，占领叙政府军据点。联合国以及国际红十字会救援人员的车辆在叙北部的阿勒颇遭到袭击。① 叙利亚停火协议再次沦为一纸空文，

---

① "Gescheiterte Waffenruhe in SyrienLuftangriff auf Hilfskonvoi", Tagesschau. de, zugriff am 20. 09. 2016, Siehe nach: http://www.tagesschau.de/ausland/syrien-konvoi-103.html.

◆ 叙利亚内战与欧洲

美国和俄罗斯在叙利亚的角逐仍在继续,叙利亚政府军、叙反对派、恐怖组织之间的战火延续。

美国和俄罗斯虽然承诺共同打击"伊斯兰国",但是双方对于叙利亚巴沙尔政权的严重分歧仍未弥合,美、俄共同对抗"伊斯兰国"的承诺并无实际效果;沙特等逊尼派海湾国家以及土耳其、以色列等国对于恐怖组织与政府军之间的交火有意纵容,甚至为反对巴沙尔政权的恐怖组织暗中提供武器以及武装训练;叙利亚政府军与反对派不断违反停火协议,叙利亚真正实现停火遥遥无期,和平之路"道阻且长"。叙利亚战乱不是单纯的内战,而是外部势力深深卷入以后出现的混战。这导致叙利亚政局碎片化加剧,和谈难以取得实质性突破。

美国和俄罗斯之间相互妥协是叙利亚"停火协议"生效的关键因素。目前来看,两国在叙利亚的目标设定以及地缘利益存在严重冲突。德国虽然坚持在联合国框架内通过多边谈判稳定叙利亚局势,但其斡旋作用无法有效缓解美国和俄罗斯在叙利亚的利益冲突。2016年9月以来,欧盟、德国代表与美、俄外长在联合国安理会进行的有关叙利亚问题的多边会谈,过程冗长但结局满是失望。[①] 德国将外交调解视为其在国际政治中承担国际责任的正确方

---

① "Syrien-Verhandlungen Nichts-nur Frust", Tagesschau. de, Zugriff am 23.09.2016, Siehe nach: https://www.tagesschau.de/ausland/syrien-verhandlungen-waffenruhe-101.html.

式,但在叙利亚危机中,德国意识到达成有效停火协议以及在设立人道主义援救禁飞区的艰难性,绝非凭借一国之力可以完成。

近年来,德国对于美国的影响力以及德俄对话机制的有效性下降,德国在多边机制内的平衡外交效果不比从前。特别是在叙利亚危机中,德国未将自己定位于中东地区的利益相关者,德国对于美国以及俄罗斯的影响力均有所下降。一方面,德国战后开启的历史反思使德国民众对于武力运用较为谨慎与克制,无论是在执政党中,还是以"反战与和平"著称的绿党与左翼党中,德国对美国的中东政策以及动辄使用武力的做法多有不满。2003年伊拉克战争前夕,德国就因反对加入美国小布什政府领导的空袭伊拉克的"志愿者"联盟而令德美关系一度陷入冰点。10年过后,德国在叙利亚危机中仍然延续着军事克制的传统,无论从军事规模还是军事实力上来看,德国向叙利亚库尔德民兵组织运送武器以及派遣"阵风"侦察机协助法国在叙利亚的军事行动更多地具有象征意义,而未承担实质军事贡献,这些行动的主要目的在于避免美国以及欧盟将其误解为绝对的"和平主义",德国向跨大西洋盟友以及欧盟展示联盟团结的同时也在寻求承担更多国际责任的方式与方法。但是美国对于德国"出钱但少出兵"的做法多有不满,不断向其施压,要求德国突破军事领域"克制文化"限制,在维护欧洲自身安全中发挥更大的作用。德美虽然仍然标榜为"跨大西洋盟友",但是近年来德美经历"监听门"事件以及经贸纠纷产生的不信任感显著上升,德国在叙利亚危机中对于美国立场的影响力有限。另一方面,在乌克兰危机中,德国与俄罗斯龃龉不断。德国虽然在促进俄、乌双方签订《明斯克协议》的过程中发挥了重要斡旋作用,但是德国政界与学界大多将俄罗斯占领克里米亚的行为定性为侵犯乌克兰领土主权的违反国际法之举。乌克兰危机后,德国作为俄罗斯"理解者"以及西方与俄罗斯之间调解人的地位下降,德国民众与媒体对于普京的负面评价占据主流,德、俄之间"特殊关系"陷入尴尬境地,德国对于俄罗斯的影响力随之下降。

五 德国叙利亚政策之解析

德国的中东政策与美国差异较大,德国的中东政策其实是以非暴力的民事经贸合作为特征,并不认同美国在中东地区动辄使用武力的做法。同时,德国的中东政策与英国和法国也有区别,德国在中东没有深厚的地缘政治利益与经济利益,历史上也不具有殖民主义传统。此外,"二战"后德国形成"军事克制"的外交文化特征,多年来限制国防预算并且谨慎使用武力。因此,中东北非地区的政治动荡浪潮前夕,德国的中东政策以维护和平、充当阿拉伯与以色列之间调解人、主张宗教宽容、发展与阿拉伯国家正常贸易为特征。

中东北非地区的政治动荡过后，德国中东政策与欧盟中东政策相融合，愈发注重维护欧盟核心价值观并且追求在国际事务中发挥更为重要的作用。虽然德国对使用武力干涉中东政治心存忌惮，但仍希望通过政治手段实现中东地区的民主政府更迭。按德国预期，新叙利亚政府应当是一个民主国家，所有族群、宗教能有自己一席之地。叙利亚危机之初，德国联邦政府与叙利亚反对派组织不断接触，但始终没有找到具有合法性以及影响力的合作伙伴。德国的民主输出没有带给叙利亚和平，反而助推中东乱局。中东难民涌入欧洲后对德国产生了巨大的内政压力，而美国与俄罗斯等外部力量在叙利亚巴沙尔政权的去留问题上互不相让，联合国机制以及德国外交斡旋的实际效果大打折扣。德国的叙利亚政策并没有收获预期的效果，巴黎恐袭后，德国象征性派出军事侦察机协助美国与法国打击"伊斯兰国"，这是对于德国军事领域"克制文化"的一次突破，但另一方面德国在叙利亚问题上也缺乏必要手段和干预的决心，显得犹豫，政策也均为应急性反应。德国在叙利亚政策上的犹豫是基于以下所述的来自国内以及国际层面的现实因素。

1. 国内层面：克制文化等因素

军事领域里的"克制文化"、德国社会各界对"文明力量外交"的认同、国家利益以及军事实力决定了德国并不热衷于军事干预叙利亚危机，但是在承担更多国际责任、盟友压力以及提高国际政治地位的诉求中，德国开始突破军事领域"克制文化"的限制，在北约框架内谨慎地开展军事辅助行动。

（1）克制文化

第二次世界大战结束后，联邦德国的外交文化发生嬗变，不仅告别了军国主义传统，而且主动归依西方、向国际组织让渡部分主权。20世纪60—70年代，西德学生运动开启了对于纳粹第二次世界大战罪恶的大规模历史反思，联邦德国社会各界对于"和平主义"的认同较为强烈。至20世纪80年代末，多边主义与军事领域的"克制文化"已经成为联邦德国外交文化的基本特征，并为其重新赢得国际声誉。冷战时期，联邦德国形成的外交文化既使国家恢复了国际声望，维护了自身利益，也为两德统一创造了有利条件。统一后的德国外交文化在继承西德外交文化的基础上继续发展。然而，随着自身实力增强与国际环境的改变，德国政界致力于推进外交政策的"正常化"，国际社会也期待德国能够承担更多的国际责任，军事领域的"克制文化"面临新的考验。因此，德国外交文化是否应该调整受到学术界越来越多的关注。

两德统一后，"承担更多国际责任"及"增加国际事务参与"在德国社会各界中获得了更多的认同，进而成

第四章 德国的叙利亚政策

为冷战后德国外交文化的新特征。与此同时，联邦德国时期形成的外交文化核心内容——军事领域的"克制文化"和"联盟团结"与新形势下"承担更多国际责任"和"加强国际参与"之间的博弈愈发明显。冷战时期由于两极格局的束缚，西方盟友认同联邦德国在国际危机中惯用的"支票外交"政策，社会舆论亦将此视为一种外交道德。冷战后两极格局终结，虽然现实主义者对于德国"霸权重现"的恐惧仍在，但自20世纪90年代中后期开始，随着区域冲突的增加，美国与欧洲盟友都期待德国能够做出更多的国际贡献，德国社会各界的外交取向需要适应国际环境的变化，这是冷战后德国外交文化调整的外因。

一方面，"克制文化"对于德国外交政策的影响力时常让位于"联盟团结"与"多边主义"原则。1994年7月，德国通过修宪允许联邦国防军参与海外军事行动。1998年10月，具有和平主义传统的红绿联盟上台后，为展示与北约盟友的团结，参与美国领导下的科索沃空袭行动，由此开启第二次世界大战后德国海外军事行动的先例。2015年，德国出兵叙利亚的决定也是出于维护西方反恐联盟的考量。另一方面，国际盟友对于德国发挥国际作用的期许上升，德国政界也不再对"国家利益"保持缄默，军事上保持"克制文化"的意愿有所下降。尤其是"不要再发生战争"（Nie wieder Krieg）与"决不让奥斯维

· 167 ·

辛重演"（Nie wieder Auschwitz）的人道主义价值观①之间的矛盾往往通过突破"克制文化"的束缚来解决。20世纪90年代末，德国民众赞成德国承担更多的国际责任，德国在国际组织框架内参与"人道主义"救援的比例上升至60%，这也与两德统一初期德国民族自信心增强有关。②

尽管如此，德国外交行为仍彰显了"克制文化"的底色。统一后的德国恪守放弃核武器的承诺，所有军事行动都是在国际组织框架内进行，并寻求联合国的授权，旨在发挥军事辅助的功能。在2003年的伊拉克战争中，施罗德政府认为，小布什政府发动对伊"先发制人"的战争缺少联合国授权与国际法依据，德、法、俄形成反战联盟，

---

① "决不让奥斯维辛重演"的含义是：全力防止人道主义灾难的发生，必要时动用军事手段。出自德国前外长菲舍尔在科索沃战争爆发之前的言论。他说"我知道不再要发生战争的重要性，但我也清楚不能让奥斯维辛再次重演！"菲舍尔将塞尔维亚对科索沃阿尔巴尼亚人的镇压与纳粹灭绝犹太人的罪行相提并论。批评者认为，德国政府用纳粹罪行类比科索沃危机，实际上是为德国在科索沃的军事行动进行辩解，菲舍尔为此面临着党内质疑。参见Nico Fried, "Fischer: Ich habe gelernt-Nie wieder Auschwitz", http://www.sueddeutsche.de/politik/fischer-ich-habe-gelernt-nie-wieder-auschwitz-1.915701。

② 吴江：《平衡的艺术：德国红绿联合政府外交研究（1998—2005）》，社会科学文献出版社2015年版，第109—110页。

公开指责美国对伊拉克的单边主义军事行动。与此同时，施罗德政府也被指责在"第三条道路"上渐行渐远，削弱了"多边主义"原则以及损害了跨大西洋盟友的团结。可见，在国际危机中，德国的外交行为重在维护国际法、发挥国际组织的作用，军事手段仅作为最后的选择。

如前所述，两德统一后，随着德国实力的增强与国际环境的改变，德国政界与国际社会都期待德国承担更多的国际责任，包括协助盟友向海外派兵。自1994年修订后的德国宪法允许联邦国防军参与海外集体军事行动以来，有关德国外交文化"连续性"的争论愈益激烈。1994年德国宪法允许联邦国防军在议会批准的前提下进行海外派兵。科索沃战争开启了德国第二次世界大战后海外军事行动的先例，但至今德国社会对参与海外军事行动的争议仍然较大。联邦国防军的军事任务大多为获得联合国授权后，在北约框架内开展的集体行动，并且发挥的是军事辅助功能，这与法国和英国积极干预利比亚和叙利亚事务的态度明显不同。即使巴黎恐怖袭击后，德国表示支持打击"伊斯兰国"，但却避免与地面武装人员正面交锋，仅是派出侦察机进行辅助支持，这与战斗机和轰炸机直接执行空中交锋或对地轰炸任务是不一样的。

在2014年慕尼黑国际安全会议上，德国领导人就本国在"国际政治中的新角色"、"加强国际参与"、军事领域的"克制文化"展开讨论，"加强国际参与"成为德国政界在对外事务上的新共识。不过尽管如此，德国在国际危机中依然只是提供军事辅助支持，其外交行为仍有着明显的"克制文化"烙印，德国民众对于使用军事手段也多有顾忌。德国在叙利亚战争中的外交政策充分展现了德国外交文化演变的特征。与伊拉克战争和利比亚战争不同的是，德国在叙利亚战争中的外交立场与手段以"巴黎恐袭"为节点发生了显著变化，从拒绝派兵到有限制地参与打击"伊斯兰国"的空袭行动，这反映出德国外交文化既有延续性又有调整的新特点。

综合上述，可以说，在叙利亚内战中，德国克制文化是其外交政策与外交行为方式重要的影响因素。而德国在叙利亚危机中的外交政策展现了近年来德国外交文化的延续性与调整趋势。

（2）文明力量角色

德国的外交立场具有连贯性：协调或支持西方盟友立场，主张在联合国等多边主义框架内通过政治手段解决国际危机，运用武力作为最后手段，积极寻求国际法支持；同时，建立亲西方政权，借"人道主义保护"之名援助干涉他国内政，这也是德国"文明力量"外交认同的内化特征之一。

叙内战之初，德国政府领导人频繁与叙利亚反对派领袖和阿盟领导人磋商，寻求停止暴力冲突的计划。"叙利亚之友"在德国前外长韦斯特韦勒的倡议下于 2013 年年

第四章 德国的叙利亚政策

初成立"经济重建和发展工作组",旨在为国际社会提供场合,商讨巴沙尔政府倒台后的重建和发展计划。德国支持"叙利亚之友"发展成为一个有行动能力的行为体,以领导未来的叙利亚。其后,德国跟随英国和法国解除对叙利亚反对派的武器禁运,但是德国媒体与学界对于德制武器落入恐怖组织之手的担忧十分强烈。

相较于英国与法国,德国在叙利亚问题上仍然保持了克制立场,坚持由联合国调查委员会提供可信材料,调查巴沙尔政府是否使用了化学武器。① 特别是叙利亚与土耳其发生军事冲突后,德国认为军事干预叙利亚产生的费用和造成的损失将非常大。德国在通过决议派兵参与空袭"伊斯兰国"前,不断寻求国际法依据,认为此次军事行动仅限于援助法国、伊拉克以及国际盟友打击"伊斯兰国"。根据联合国宪章第51条属于行使集体防卫权,遵循联合国安理会2015年11月20日的第2249号决议,与西方盟友共同打击"伊斯兰国"。②

---

① "Zurückhaltung und Hilfsgüter:Wie Deutschland in den Syrienkonflikt verwickelt ist", Der Tagesspiegel, Zugriff am 30.08.2016, Siehe nach:http://www.tagesspiegel.de/politik/zurueckhaltung-und-hilfsgueter-wie-deutschland-in-den-syrienkonflikt-verwickelt-ist/8170536.html.

② "Syrien und Irak:Kampf gegen den IS", Bundeswehr, Zugriff am 01.09.2016, Siehe nach:https://www.bundeswehr.de/portal/a/bwde/!ut/p/c4/04_SB8K8xLLM9MSSzPy8xBz9CP3I5EyrpHK9pPKUVL3UzLzixNSSqlS94sqizNQ8_YJsR0UAPldpNQ!!/.

(3) 国家利益

历史上，无论是在德意志帝国还是魏玛共和国时期，德国对中东阿拉伯—伊斯兰国家的政策与英国和法国有很大区别。作为后起的帝国，纳粹德国曾希望引导中东穆斯林反抗英法的"圣战"，而纳粹的反犹主义更是需要阿拉伯人的支持。因此，第二次世界大战前，德国在中东始终实行以"贸易和商业"为主导的和平渗透政策，不谋求殖民中东，并且试图在中东扮演调停者角色，以对抗英、法势力。第二次世界大战结束前，德国的中东战略服务于其在欧洲的军事与政治战略。① 第二次世界大战后，德国全面实施去军事化，并且在欧洲一体化的制度约束中重新获取国际声望，"欧洲的德国"维护了德国的国家利益。此时，德国的中东政策并未出现重大转折，东、西德与中东和平相处、支持中东民族解放和非殖民化。两德统一后，经济上，作为"贸易国家"的德国与中东各国积极开展贸易往来，政治上，则促进阿拉伯国家同以色列和平共处。统一后，德国的中东政策遵从"文明力量"与"贸易国家"的外交定位，并且依旧受限于欧洲一体化的制度框架。

2011年联邦国防部出台了新的国防方针，副标题为"维护国家利益——承担国际责任——共同建构安全"。第

---

① 钮松：《德国中东政策与欧盟中东政策的相互影响》，《德国研究》2010年第1期，第13—15页。

二次世界大战后，出于历史反思以及国际社会制约，德国鲜少提及国家利益，但如今，国家利益在新的国防方针中被排在第一位。在决定具体任务时，需要明确回答一个问题，即德国利益与参与行动的关联程度有多深，如果不参与行动会有什么后果。德国的军事策略是：灵活对待"北约任务"，重在危机预防，维护国家利益。[1]

德国和叙利亚的经贸往来本来十分可观，德国主要从叙利亚进口石油产品。叙利亚危机爆发后，德国考虑如果危机得到解决的结果是能够建立亲西方的民主政府，无论是从价值观还是从国家利益角度看，都对德国更为有利。这是德国放弃同巴沙尔合作，转而支持新的对话伙伴的原因之一。但是，叙利亚内战愈演愈烈，"伊斯兰国"趁机占领伊拉克与叙利亚领土，欧洲本土遭受恐怖主义威胁，从2016年德国也遭受多次"独狼式"恐怖袭击，嫌疑人指向宗教极端分子。而且，德国是欧洲接收难民最多的国家，各联邦州不堪重负。在国内层面，德国叙利亚政策的主要目标转为维护当地稳定，这符合德国的国家利益，因为这可从根源上缓解难民危机以及欧洲恐怖主义威胁。从国际层面来看，德国与盟友一道打击"伊斯兰国"，不再强调推翻叙利亚巴沙尔政府，这是基于德国与盟友保持联

---

[1] Bundesministerium der Verteidigung: "Verteidigungspolitische Richtlinien: Nationale Interessen wahren-Internationale Verantwortung übernehmen-Sicherheit gemeinsam gestalten", 2011, Berlin.

盟团结的目的，如果德国不参与此次军事行动，必将受到欧盟以及美国的指责，且有违其领导欧盟，以及承担国际责任的意愿。同时，德国希望促成美国与俄罗斯的妥协，推动叙利亚和谈取得实质性进展。

（4）军事实力问题以及承担更多国际责任

20世纪90年代以来德国面临军费不足与军备薄弱的窘境。如今，国防开支仅占德国国内生产总值的1.3%，一旦政界提议提高国防预算，便会遭受社会各界质疑与批评。德国虽然掌握先进军事技术，但是现役军队装备较为落后，人员成本较高。从军事实力上来看，德国根本无力独自引导对叙利亚等中东国家进行武力干预。

然而，值得注意的是，2015年德国联邦政府批准的军火出口额创有史以来最高纪录。据德新社报道，2015年德国军火出口额总共高达125亿欧元，明显超过2011年黑黄政府执政期间创造的军火出口额108亿欧元的纪录。德国是继美国、俄罗斯和中国之后的世界第四大军火出口商。长期以来，反对党和人权组织一直要求联邦政府停止向海湾地区提供军售。2015年，德国向阿拉伯半岛出口军备13亿欧元，其中卖给沙特阿拉伯的就达2.7亿欧元。

近年来，德国政界开始表达出承担更多国际责任的意愿。2014年，德国时任总统高克、时任外长施泰因迈尔和国防部长冯·德莱恩开启了关于德国在国际政治中新角色的讨论。他们认为，在全球化发展趋势中，国际相互依存

第四章　德国的叙利亚政策

日益加深，德国应当更积极地参与全球事务，承担国际责任，充分发挥自身的影响力，成为一支构建性力量（Gestaltungsmacht）①。其实早在21世纪初，联邦国防军就已经突破了"军事克制"的严格禁忌，在联合国框架内开启了长达13年之久的阿富汗维和行动。

2016年7月13日，德国发布的《2016年国防白皮书》，开启了德国安全政策新航路，流露出德国突破"军事克制"的意图以及在世界舞台上发挥更大作用的意愿。首先，《2016国防白皮书》界定了新威胁的来源，包括恐怖袭击、俄罗斯对欧洲大陆的挑战、"失败国家"、移民失控、激进民族主义势力抬头、军备竞赛回归等问题。其中，德俄关系定位由10年前的"优先伙伴"改为"竞争对手"，德国指责俄罗斯在乌克兰危机中的行动是"强权政治复辟"。其次，德国准备以欧盟为依托在国际事务中发挥更大的领导作用，加强北约中"欧洲支柱"的地位，将建立"欧洲安全与防务联盟"定为长期目标。因此，新白皮书倡议德、法两国深化合作，在无须美国的情况下主导解决国际危机。再次，新白皮书指出，武装部队是维护德国及盟友安全稳定的不可或缺力量。在今后7年内，德军将提高国防预算，由目前不到1.3%的GDP占比提高至

---

① Bundesministerium der Verteidigung: "Rededer Bundesministerin der Verteidigung, Dr. Ursula von der Leyen, anläßlichder 50. Münchner SicherheitskonferenzMünchen, 31. Januar 2014", 01. 2014.

2%，并且扩充2万名军人。最后，对于难民和中东反恐问题，德国在协助美国与法国空袭"伊斯兰国"的集体行动之外，还着力推动国际社会放宽"二战"后对德军在本国境内行动的限制，以便提升反恐与人道主义救援的效率。①

《2016年国防白皮书》表现出德国突破军事领域"克制文化"禁锢的意图。不论是出于德国未来应对众多国际危机的实际需求，还是国际社会对于德国在外交与安全政策领域的期待，都需要德国做出角色调整，这也与德国追求"政治大国"地位的现实考量密切相关。德国已是世界经济强国，并在欧盟内凭借其雄厚的经济实力提升政治话语权，但出于发动世界大战的历史包袱，德国一直难以获得与其经济实力相称的政治大国地位以及军事实力。目前，美国战略重心转移至亚太，缺乏领导北约欧洲防务的热心，而英国"脱欧"后欧盟防务领导力量需要重新组合，德国有意与法国共同独立建设欧洲防务，从另一方面来看，国际环境的变化也为德国拓展军事影响力及提升政治影响力提供了机遇。②

---

① Bundesministerium der Verteidigung："Weißbuch 2016-zur Sicherheitspolitik und zur Zukunft der Bundeswehr"，07. 2016.

② 倪海宁：《德国10年来首部国防白皮书摆脱"军事克制"进行时》，新华网，2016年9月2日，参见：http://news.xinhuanet.com/mil/2016-08/12/c_129223930.htm。

第四章 德国的叙利亚政策

自2013年德国大联合政府上台以来，德国政界积极呼吁承担更多国际责任，包括承诺提高对北约与欧盟的军事贡献。他们认为，在全球化浪潮中，国际社会相互依存，德国应更积极地参与全球事务，充分发挥德国与欧盟的影响力，充当"构建力量"（Gestaltungsmacht）。但是德国民众对于承担国际责任的意愿与政治家相比较低，往往下意识地将承担国际责任与军事干预相关联。虽然承担国际责任的社会认同正在构建，并逐渐成为德国外交文化的新特征，但未完全定型。阿伦斯巴赫民调显示，1991—2005年，认为德国应该承担更多国际责任的民众比例介于31%—36%。[1] 2014年慕尼黑安全会议结束后，德国民众对于德国政治家呼吁的"承担更多国际责任"和"积极参与国际危机解决"并未做出积极回应，表示支持的德国人仅有37%，并认为出于历史原因，德国理应保持克制。当被问及德国应以何种方式以及在哪些领域加强参与时，选择在"人道主义救援"与"外交斡旋"两方面加强国际参与的民众比例最多，分别为86%和85%；选择在"培训当地警察和安全部队"和"为盟友军事行动提供协助"领域内加强投入的民众达到75%和41%；仅有13%的德国人支持"参与直接军事行动"。此外，如果德国需要参与集体军事行动，那么理由排名前三的是：欧洲的和平与安

---

[1] 吴江：《平衡的艺术：德国红绿联合政府外交研究（1998—2005）》，社会科学文献出版社2015年版，第109页。

◆ 叙利亚内战与欧洲

全受到直接威胁，出于人道主义目的确保冲突地区物资供给以及阻止种族屠杀。①

德国在叙利亚战争中的外交政策展现了德国承担国际责任的外部条件与手段偏好。2015年，叙利亚战争引发欧洲难民危机，使德国遭受巨大的内政压力，在欧洲不稳定因素增加以及面临恐怖主义威胁的双重困境下，承担更多国际责任逐渐受到德国民众重视：为了维护欧洲稳定与缓解难民危机，德国必须有所作为。最初，德国发挥国际作用的主要手段是通过"外交斡旋"寻求政治解决方案，促使各方势力在叙利亚问题上达成妥协，主张在联合国机制下向战乱地区提供人道主义援助。然而，叙利亚战火多年未熄，"伊斯兰国"趁机占领伊拉克和叙利亚部分国土，人道主义物资很难送至冲突地区，德国的外交斡旋效果不佳。巴黎恐袭事件爆发后，"为盟友军事行动提供辅助支持"以及"参与盟友的军事行动"成为德国承担国际责任的优先选项。

内战发生后，叙利亚不仅是反对派、恐怖组织与政府军的战场，更成为国际多方势力的竞技场，德国将"外交斡旋"视为其在叙利亚危机中承担责任的主要方式。德国深知美国和俄罗斯是主导叙利亚问题的"关键角色"，力

---

① Koerber Stiftung："Einmischen oder zurückhalten？-Ergebnisse einer representativen Umfrage von TNS Infratest Politikforschung zur Sicht der Deutschen auf die Außenpolitik"，Berlin 2014，S. 5.

第四章 德国的叙利亚政策

主在叙利亚危机中扮演美国和俄罗斯之间的"调解者"与各方势力的"平衡力量":一方面,缓和美国对于巴沙尔政权的对抗性政策;另一方面,缓和俄罗斯与伊朗的反西方态度。德国希望美、俄两国能够在巴沙尔政府的去留问题上通过谈判达成妥协,在联合国安理会框架内就解决叙利亚问题采取一致行动。同时,德国认为与伊朗、巴沙尔政府和俄罗斯进行沟通是必要策略。然而,自2011年起,美国开始资助叙利亚反对派武装,沙特、卡塔尔等逊尼派国家也参与其中,意在推翻巴沙尔政权,美式装备不断从叙反对派流落至恐怖分子手中。直到"伊斯兰国"在欧洲发起恐怖袭击,美国才将打击"伊斯兰国"作为首要目标。① 而俄罗斯在叙利亚塔尔图斯港建有海军基地,巴沙尔政府是俄罗斯在中东政治影响力的重要维护者与军事盟友,因此,俄罗斯指责西方的叙利亚政策损害俄罗斯地缘政治利益,极力反对美国及其盟友在叙利亚问题上的立场和政策主张。美、俄在叙利亚巴沙尔政权去留问题上僵持不下。

然而,德国作为"调解者",缺乏有效的资源与手段制止冲突,因此难以有效调和美、俄在叙利亚问题上的严重分歧。德国在叙利亚危机中承担国际责任的重要手

---

① "Die Fakten zum Krieg in Syrien", http://www.spiegel.de/politik/ausland/krieg-in-syrien-alle-wichtigen-fakten-erklaert-endlich-verstaendlich-a-1057039.html#sponfakt=15.

段——外交斡旋被打上"不知所措"和"被动式反应"的标签，未达到预期效果。① 德国对于美国的影响力也相当有限，特别是在安全战略领域。德国对于美国的中东政策以及动辄使用武力的做法多有不满，但对其影响甚微。近年来，德美关系受"监听门"事件影响遭遇波折。特朗普上台后，德国将其视为西方自由秩序与价值观的挑战者，默克尔与特朗普之间缺少执政理念上的"共同语言"，德国对于美国政府的外交影响力将进一步下降；因乌克兰危机欧盟对俄制裁，德国作为俄罗斯"理解者"的地位也有所削弱，加上德国民众和媒体对于普京的负面评价上升，德俄关系陷入困境，德国对俄影响力也在降低。欧盟、德国代表与美、俄外长在联合国安理会进行多次有关叙利亚问题的会谈，过程冗长，结局令人失望。②

（5）民众认知的改变

虽然"和平主义"在德国社会中仍然占据重要地位，但近年来，德国民众对于联邦国防军的印象愈发积极，75%的公民对其持有正面态度。1999年德国参与科索沃军事行动时，仅有42%的民众出于人道主义原因支持参与国

---

① Richard Herzinger: "Das gefährliche Problem der deutschen Außenpolitik", https://www.welt.de/politik/deutschland/article150198763/Das-gefaehrliche-Problem-der-deutschen-Aussenpolitik.html, last accessed on 20 August 2016.

② "Syrien-Verhandlungen Nichts-nur Frust", https://www.tagesschau.de/ausland/syrien-verhandlungen-waffenruhe-101.html.

防军参与北约科索沃空袭,大多数德国民众拒绝德国派遣地面部队,以免造成更多的人员伤亡。① 到了2015年12月,德国民众中有58%支持国防军协助盟友打击"伊斯兰国",但仍有37%的民众持反对意见。其中,支持军事行动的投票中有近60%的民众赞成仅提供军事辅助,如派出侦察机与空中加油机,而非承担领导性军事任务,如直接空袭"伊斯兰国"。②

2015年年底,德军赴叙利亚配合法军打击"伊斯兰国",成为战后德国最大规模的派兵行动。尽管德国反对党和民间不乏批评之声,但安全感骤降的德国民众对于建设强大国防的态度,已由抵制、反对转为理解和部分支持。2016年1月的民调显示,68%的民众对德国将遭受恐怖主义威胁感到担忧,51%的德国人赞成扩军,这比2009年足足提高了32%。③

不过,对于"克制文化"与"承担国际责任"的认知,政界和民众之间存在着鸿沟。德国政界自20世纪90

---

① Köcher, Renate: "Das Kosovo spaltet in Deutschland Ost und West", Frankfurter Allgemeinen Zeitung Nr. 136, 16. 06. 1999, S. 18.

② "ARD-Deutschlandtrend: Mehrheit für Syrien-Einsatz", Tagesschau. de, Zugriff am 02. 09. 2016, Siehe nach: https://www. tagesschau. de/inland/deutschlandtrend-455. html.

③ "ARD-Deutschlandtrend: Jeder Dritte will Menschenmassen meiden", Tagesschau. de, Zugriff am 02. 09. 2016, Siehe nach: http://www. tagesschau. de/inland/deutschlandtrend-465. html.

◆ 叙利亚内战与欧洲

年代以来一直致力于谋求"正常国家"地位，承担国际责任意愿明显。尤其是在中东北非地区的政治动荡后，"伊斯兰国"等恐怖组织日益猖獗，利比亚战争与叙利亚内战不只是导致欧洲难民危机的直接诱因，国际不稳定因素也有损德国作为"贸易大国"的经济利益的背景下，德国政界的上述意愿更为强烈。2013 年上任的大联合政府明确表示要以欧盟为依托积极参与解决国际危机，"国家利益"和"军事参与"在政治表达中不再是禁忌。德国科学与政治基金会和马歇尔基金会在 2013 年联合出版的研究报告——《新力量、新责任：德国在变革的世界中的外交与安全政策要素》中也作了上述倡议，为了保护贸易、价值观与共同体利益，在外交斡旋无效以及符合国际法的前提下，德国应做好准备参与集体行动，包括军事威慑与使用武力。①

从德国民意来看，随着近 10 年来欧盟危机接连不断、民粹主义在欧洲泛滥、德国民众在欧洲一体化的认知上更为分裂，国内的疑欧派势力上升，民众对于承担国际责任的热情下降。2014 年慕尼黑安全会议结束后，柯尔柏基金会的民调显示，大多数德国民众对于政治家呼吁的"承担

---

① Stiftung Wissenschaft und Politik (SWP) und des German Marshall Fund of the United States (GMF), "Neue Macht, Neue Verantwortung-Elemente einer deutschen Außen-und Sicherheitspolitik für eine Welt im Umbruch", Berlin 2013, S. 16 – 17.

更多国际责任"与"积极参与国际危机解决"表示怀疑，只有37%的民众认为德国应"积极参与"，60%的民众认为德国应继续保持"克制"。①

　　两德统一后，联邦国防军执行海外军事行动已非禁忌，但"克制文化"在民意中如影随形，始终影响着德国的外交行为。在处理国际危机时，德国发挥国际影响力和承担国际责任的主要手段是外交斡旋与在欧盟框架内实施对外制裁，使用武力仅是集体行动中的最后选项，在权衡国内政治、经济等各方利益后方能执行。德国政界承担国际责任与强化国际参与的"豪情壮志"在短期内难以压倒多数民众对于军事行动的忌惮之心。政界与民意的偏差导致德国很难迅速改变原有的安全政策，德国的这种外交行为在2011年开始的叙利亚危机中尤其明显。目前，德国安全政策的新意向以及增加对北约的军事贡献的承诺在"克制文化"的影响下仍是政治言辞多于实质内容。

2. 国际层面：欧盟与美国叙利亚政策对德国的影响

　　中东北非地区的政治动荡的浪潮中，欧盟跟随美国，对伊朗、利比亚与叙利亚政府实施制裁，推动中东政权更迭。欧盟改变了原先中东调停者的角色，试图推动当地民

---

① Körber Stiftung: "Einmischen oder zurückhalten-Ergebnisse einer repräsentativen Umfrage von TNS Infratest Politikforschung zur Sicht der Deutschen auf die Außenpolitik", Berlin 2014, S. 3.

主化进程。但中东北非局势随之失控，国家政局呈现碎片化，"伊斯兰国"等恐怖组织乘虚而入，欧盟本土遭受恐袭威胁以及难民危机，而美国对于叙利亚局势并无绝对掌控权，与俄罗斯的角逐更是不相上下，叙利亚同时也是海湾国家与伊朗、土耳其之间博弈的焦点，欧盟不得不缓解对于叙利亚政府的抵制态度，回归以多边斡旋推动停火协议的政治解决方案，并以维护当地稳定为主要目标。

德国的叙利亚政策受到欧盟以及美国中东政策的影响。2015年年底，德国参与军事打击"伊斯兰国"也是出于对于欧盟伙伴——法国的坚定支持，这是德国在政治与安全领域发挥欧盟领导力的一次尝试。同时，美国也希望德国能够承担更多的欧盟军事贡献。德国早已是欧盟事务的领导者，派兵参与叙利亚军事行动是德国在欧盟遭受多重危机之际展示欧盟团结的机会，出于盟友压力与期待，德国无法逃避出兵叙利亚的问题。但是叙利亚是国际各方势力的角斗场，虽然，德国叙利亚政策与欧盟和美国盟友的立场息息相关，但是德国坚持通过政治斡旋来推动叙利亚和谈，重建和发展当地社会经济，并且希望能够与中国在缓和俄罗斯立场以及叙利亚战后重建中开拓新的合作空间。

德国外交文化中的"联盟团结"与"多边主义"原则在两德统一后继续得到保留。冷战结束后，德国在国际危机中的外交政策具有共性：从科索沃战争、阿富汗战争再

第四章 德国的叙利亚政策

到叙利亚危机，德国参与军事行动都是借助"联盟团结"的名义，旨在维护西方盟友的价值观和安全。德国外交决议的基础之一是支持美国或者欧洲盟友，"联盟团结"的诉求往往超过对军事领域"克制文化"的坚守。"9·11"事件发生后，德国政界与民众纷纷表示与美国盟友站在一起，共同打击国际恐怖主义，包括使用军事手段。2015年11月巴黎恐怖袭击造成132人死亡，法国总统奥朗德宣布"阿萨德不是法国的敌人，'伊斯兰国'才是"，① 德国总理默克尔旋即表示支持法国的军事行动。叙利亚战争中的德国外交政策实际上是与美国与欧盟的中东政策相协调，支持叙利亚反对派。德国是欧盟经济的主导力量，派兵参与叙利亚战争是德国在欧盟遭受多重危机之时展示"联盟团结"的必要选择，德国政府的目的是避免美国与欧盟将其误解为绝对的"和平主义者"。

德国历来重视"多边外交"。两德统一后，联邦政府在强调跨大西洋联盟重要性的同时，作为俄罗斯的"理解者"，也重视其在解决国际危机中的作用，甚至为此不惜与美国争吵。科索沃战争期间，德国施罗德政府在美、俄之间实行"平衡外交"，赞成国际格局朝着多极化方向发展，促成"朗布依埃"停战协议，并主张发挥俄罗斯的作

---

① "Hollande: IS ist Feind Frankreichs, nicht Assad", http://de.sputniknews.com/politik/20151116/305678766/syrien-is-hollande-assad.html, last accessed on 21 March 2016.

◆ 叙利亚内战与欧洲

用；伊拉克战争期间德、法、俄形成反战联盟，反对小布什的单边军事行动。但自乌克兰危机后，因俄罗斯吞并克里米亚和支持乌克兰东部分裂势力，默克尔政府将俄罗斯视为欧洲安全的威胁之一。德俄关系逐渐疏远，德国作为美、俄之间调解人的地位有所下降，不再是俄罗斯在欧洲的"理解者"。

近年来，德国的"多边主义"原则贴上了西方与欧盟的价值观标签。2012年叙利亚危机爆发之初，德国与美、英、法等盟友的外交目标相似，均要求叙利亚巴沙尔总统下台，推动建立符合西方价值观与利益的民主政权。德国政府领导人与叙利亚反对派领袖频繁接触，由流亡海外的叙利亚人组成的"叙利亚之友"得到德国政界的支持。2013年9月，德联邦政府邀请"叙利亚之友"来德，和其他反对派一起商议叙利亚战后重建事宜。[①] 但"叙利亚之友"在叙境内并无牢固根基，且反对派内部派系众多，与"圣战组织"有着或明或暗的联系，因此，德国与反对派的接触徒劳无功。其后，德国跟随英国和法国解除对于叙利亚反对派的武器禁运，借人道主义之名推动巴沙尔政权更迭。整体上，德国在叙利亚战争中的外交政策忽略了地

---

① "Perspektiven für einen Neuanfang-Internationale Syrien-Arbeitsgruppe tagt in Berlin", http：//www.auswaertiges-amt.de/DE/Aussenpolitik/Laender/Aktuelle_ Artikel/Syrien/120903-AG-Treffen-Berlin.html, last accessed on 22 March 2016.

第四章　德国的叙利亚政策

缘政治这一现实因素，尤其是忽略了俄罗斯在中东的地缘政治利益，徒有价值理念而无地缘政治谋划是德国叙利亚外交受挫的原因。

尽管如此，德国将国家利益置于超国家机构之中，通过"多边外交"发挥超越自身实力的国际作用仍是德国外交文化的亮点。在叙利亚危机中，德国尊重联合国作用，积极寻求国际法支持，坚持由联合国调查委员会提供可信证据，调查巴沙尔政府是否使用了化学武器，不愿过度激怒俄罗斯。① 在叙、土发生军事冲突后，德国曾认为军事干预叙利亚会造成重大损失。直到巴黎恐袭事件后，为展现欧盟团结，德国才派兵参与空袭"伊斯兰国"，限定此次军事行动旨在援助盟友打击"伊斯兰国"。为此，德国还专门找到国际法依据，即联合国宪章第51条行使集体防卫权，遵循联合国安理会2015年11月20日的第2249号决议，与盟友共同打击"伊斯兰国"。② 在2017年慕尼黑安全会议上，默克尔重申打击恐怖主义需要美俄对话，

---

① "Zurückhaltung und Hilfsgüter: Wie Deutschland in den Syrienkonflikt verwickelt ist"，http://www.tagesspiegel.de/politik/zurueckhaltung-und-hilfsgueter-wie-deutschland-in-den-syrienkonflikt-verwickelt-ist/8170536.html.

② "Syrien und Irak: Kampf gegen den IS"，https://www.bundeswehr.de/portal/a/bwde/!ut/p/c4/04_SB8K8xLLM9MSSzPy8xBz9CP3I5EyrpHK9pPKUVL3UzLzixNSSqlS94sqizNQ8_YJsR0UAPldpNQ!!/.

也希望加强与中东阿拉伯国家的合作，需要得到伊斯兰宗教领袖对于反恐的明确表态。一场以政治对话为主的多边外交仍在继续。

此外，德国等欧洲国家也希望同美国加强政策立场协调，以共同应对危机。2016年4月25日，德国、美国、法国、英国、意大利五国领导人在德国汉诺威举行非正式会晤，各方表示未来愿加强彼此间的政策立场协调，以共同应对政治和安全挑战。默克尔在会后发表声明说，与会领导人就叙利亚问题、打击极端组织"伊斯兰国"等一系列重要国际议题进行了讨论。默克尔表示，面对当前诸多政治和安全挑战，合作的力量要远大于单独行动，因此与会领导人一致认为应加强跨大西洋合作，并表示未来将继续通过咨询层面以及其他各类形式就重大议题加强协调。

截至2016年9月，美、俄承诺共同打击"伊斯兰国"，但由于在如何对待巴沙尔政权问题上分歧严重，双方对于共同打击"伊斯兰国"行动各有保留。特朗普当选美国总统后，对美俄共同采取军事行动打击极端组织持开放态度，但目前无实质进展。美俄对峙，逊尼派海湾国家与土耳其对恐怖组织和叙利亚政府军之间的交火故意纵容，叙政府军与反对派不断破坏停火协议，多方势力角逐决定了叙利亚实现和平的道路仍然漫长而曲折。由于德国外交斡旋对于美俄影响有限，德国与欧盟在叙利亚危机中的作用正不断被边缘化。

六　总结与展望

在叙利亚战争中，德国的外交政策经历了从"非军事干预"到"有限制的海外派兵"的转变。国际和国内层面的现实因素左右着德国的叙利亚政策。首先，在国内层面上，德国军事实力、国家利益以及"克制文化"为联邦国防军的海外军事行动设置了界限，而承担国际责任以及提高国际政治地位的意愿又为德国参与叙利亚事务打开了窗口。其次，在国际层面上，叙利亚是国际各方势力的角斗场，叙利亚内战削弱了强权政府的权力，美俄在中东的权力之争、以伊朗为代表的什叶派和以沙特等海湾国家为代表的逊尼派争端、中东各国权力较量、土耳其与库尔德武装组织之冲突交汇于叙利亚，德国无意过度卷入这场多方势力的纷争，但是出于对欧盟伙伴的支持以及美国等盟友的压力，德国无法在叙利亚战争中完全置身事外。

第二次世界大战后联邦德国外交文化发生嬗变，其新特征表现为欧洲一体化认同、军事领域的"克制文化""历史反思"文化以及"联盟团结"和"多边主义"的国际观。冷战结束后，两极格局的束缚消失，德国以欧盟为依托在国际政治中的地位迅速上升。自20世纪90年代以来，德国参与北约与联盟国框架内的海外军事行动次数增加，任务范围逐步扩大，德国政界开始积极推动"国家正常化"。1990年之后，联邦国防军海外军事行动逐步克服了宪法上的障碍。德国外交和安全政策在"盟友压力""克制文化"以及"在国际事务中承担更多责任"的矛盾中徘徊，并在"国家利益"与"民众认知"的博弈之中寻求平衡。在叙利亚战争中，德国为了修补由于弃权参与利比亚空袭而在联盟内而受损的形象，象征性地参与对伊拉克以及库尔德民兵的训练行动，间接援助打击"伊斯兰国"，直到后来在叙利亚空袭行动中派出侦察机、加油机以及护卫舰，确保发挥军事辅助功能，表明"克制文化"在德国仍有较大的影响力。德国目前处于"有限的正常化"进程中，外交政策愈发受到国家利益驱动并且以国内政治以及民众意愿为导向。

因此，德国外交文化的内在特征得以延续的同时也面临调整趋势，军事领域的"克制文化"、"承担更多国际责任"与"联盟团结"之间的博弈愈益明显，德国无法在每一次国际危机中都拒绝军事行动。比如20世纪90年代的科索沃战争与近年来的叙利亚危机，德国的外交政策更加难以兼顾其外交文化的内在要求。2014年的慕尼黑安全会议上，德国政界谨慎地开启关于"克制文化"与"承担更多国际责任"的讨论，但第二次世界大战后形成的"克制文化"乃至"和平主义"思想在民众心底仍根深蒂固，是否突破该认同的大规模社会争论仍未开启，德国在叙利亚危机中的外交政策凸显了其外交文化内在特征之间的矛盾性。

目前，德国安全政策新趋势在"克制文化"的影响下，仍是政治言辞多于实质内容。德国政界承担更多国际责任的意愿与民众对于使用武力的忌惮与反感产生碰撞，而且德国对军事改革尚未做好充分准备，联邦国防军军备老旧，军队管理问题频出，人员开支过高。政界与民意之间的偏差导致德国在大选之际很难迅速改变安全政策走向。特朗普上台后，美国要求德国增加对于北约的贡献。欧盟外交与安全政策在英国"脱欧"后将更加依赖德、法、意等欧盟大国的贡献。默克尔对此虽有承诺，但国内民众与反对党对于提高国防支出的批评不绝于耳，德国是否能如约提供美国与欧盟所期待的安全贡献尚待观察。

第五章　展望

　　2010年中东北非乱局发生后，欧盟向世界展示了它的强硬外交姿态和它的"硬实力"。中东北非地区的政治动荡中欧盟的中东北非政策，在一定程度上，已经改变了世界对欧盟作为"民事力量"的认知。一位美国评论者认为，欧洲不再是"后现代社会的和平主义者"，"当他们有政治意愿的时候，他们也能，并将使用武力"。[①] 不过欧盟（包括其辖下的法、英、德等大国）的实际军事力量有限、外交政策又不够统一，同时其后中东北非的局势发展也表明，欧盟及其成员国对中东北非地区的政治动荡之后的阿拉伯世界的未来并没有清晰的战略规划。无论是埃及、也门、利比亚，还是叙利亚，"有效"更迭政权的行动并未带来一个和平民主稳定的新气象，相反造成恐怖主义滋

---

① Damon M. Wilson, "Learning from Libya: the Right Lessons for NATO", Atlantic Council, 2011, p. 2, http: //www.acus.org/files/publication_ pdfs/403/090111_ ACUS_ LearningLibya_ Wilson. PDF.

生，宗教血腥冲突反复发生。仅以叙利亚为例，因一场抗议活动而引发的叙利亚危机（后演变为内战）已持续了六年有余，仅截至 2017 年 2 月，就已有 46.5 万人因之丧生，四分之三的叙利亚人（约 1350 万）需要人道主义援助，500 万叙利亚人出逃沦为难民。①

"血色浪漫"之后

2017 年叙利亚局势趋于平缓，叙利亚巴沙尔政府在俄罗斯、伊朗和黎巴嫩真主党武装的军事协助下，扭转了战场上的被动状况，大量收复失地，将反对派武装压缩到沿海的狭长地带；"伊斯兰国"在西方联军、俄空军、叙政府军、库尔德武装的打击下，节节败退，其在伊拉克和叙利亚的主要"领土"均被攻克，它在中东地区的"实体"灭亡指日可待。在国际舞台上，俄罗斯开始扮演叙利亚问题主要解决者的角色，俄罗斯、伊朗和土耳其 2017 年年初发起的"阿斯塔纳会谈"，取代了美欧国家设立的机制，成为叙利亚政府同反对派商讨停火和战后安排的主要国际调停安排。在哈萨克斯坦首都阿斯塔纳举行的这一系列会谈中，中国、埃及、阿联酋、伊拉克是观察员国，欧美国家则被排除在外。

---

① Global Centre for the Responsibility to Protect, "Syria", http://www.globalr2p.org/regions/syria.

相对于俄罗斯在叙利亚问题上发言权的大幅提升，美国和欧洲在2016年后陷入"内乱"，无暇投入精力改善和提高其在叙利亚和中东北非地区的话语权和影响力。2016年年底，特朗普出人意料地击败希拉里，当选美国总统，震惊世界。特朗普执政后，其中东政策一直不明朗，时有"惊人之举"：2017年4月7日，特朗普冒着与俄罗斯发生直接交锋的风险，下令向叙利亚霍姆斯附近的政府军空军机场发射了约60枚战斧式巡航导弹，摧毁了该机场的机库和部分飞机，以此"作为对叙利亚毒气袭击事件的回应"，但之后又没有了下文；2017年12月特朗普宣布耶路撒冷为以色列的首都，并准备将美驻以使馆由特拉维夫迁至圣城耶路撒冷，惹怒了包括逊尼派和什叶派在内的整个阿拉伯世界。美国似乎已经放弃了冷战后二十多年来它一直在中东北非地区作为"国际调停人"的地位和作用。

欧洲自己的内部情况更加复杂：2015年开始的难民危机尚未结束，德国外交部宣布2017年又有20万—30万叙利亚和伊拉克难民进入德国，德国政府已为难民安置、遣返和培训至少花费了200亿欧元；同时难民危机还引起欧盟内部的争议，2017年12月欧盟委员会向欧洲法院起诉波兰、匈牙利和捷克三国：欧盟委员会认为，波兰和匈牙利两国没有接收一名难民，捷克是2016年8月以来没有接收任何难民，违反了2015年9月欧盟达成的难民分摊方案。同时，难民危机又间接刺激欧洲国家内反移民、反欧洲一体化的极右政党的崛起，英国的独立党、法国的国民阵线、德国的德国选择党、荷兰的新自由党、奥地利的自由党等极右政党在2016年和2017年的大选中对中右和中左主流政党构成极大冲击，威胁到它们的执政地位。

此外，欧洲本土接连发生了一系列的恐怖袭击事件，安全形势堪忧。例如，2016年3月22日，布鲁塞尔的扎芬特姆国际机场、马埃勒贝克地铁站发生连环爆炸袭击，导致35人遇难、300多人受伤。至今，被媒体称为"恐怖主义老巢"的布鲁塞尔莫伦贝克区，仍未被政府完全掌控。2016年，继布鲁塞尔之后欧洲其他国家也频遭恐袭。7月14日，法国南部城市尼斯发生卡车冲撞人群事件，造成至少84人死亡，202人受伤。7月22日，德国慕尼黑的一家购物超市发生枪击案，袭击者具有德国和伊朗双重国籍，共造成9人死亡、30多人受伤；24日，柏林一家医院发生枪击，导致2人死亡。8月15日，科隆发生持械伤人事件；12月19日，一辆货车冲进柏林的一个圣诞市场，造成12人死亡，数十人受伤，极端组织"伊斯兰国"宣称对此事件负责。就在同一天，瑞士苏黎世一座清真寺内发生枪击事件。进入2017年，恐袭事件在欧洲仍不时发生。3月22日，英国议会威斯敏特大厦附近发生两起袭击事件。4月20日晚，巴黎香榭丽舍大街一名枪手使用自动武器向一辆巡逻警车开火，当即打死一名警察，另有两名警察重伤。枪手在枪战中被其他赶到的警察击毙，恐怖组织"伊斯兰国"宣布对此次袭击事件负责。8月17日又发生了巴塞罗那驾车撞人恐袭事件,凶手驾车冲向市中心兰布拉步行大道上的人群,造成21人死亡,130多人受伤。尼斯、布鲁塞尔、慕尼黑、柏林、伦敦、巴黎等欧洲主要城市都出现了恐怖袭击事件。

这种情况下,欧盟及其成员国的中东北非政策已经收缩,现实主义重新成为其外交的主基调。在2015年11月巴黎恐怖袭击事件发生之后,法、英、德等欧洲国家对待叙利亚问题时,就不再强调阿萨德必须下台,反恐和遏制难民流入超过推翻叙利亚政府,成为其在叙利亚的优先事务。2017年6月,新当选的法国总统马克龙宣布:就叙利亚问题,法国不再以叙总统巴沙尔·阿萨德为首要目标,而是专注于彻底铲除恐怖组织,并希望帮助叙实现和平和稳定。8月,法国内政部长热拉尔·科隆说,法国在海外的军事干预使得法国面临遭到"伊斯兰国"激进分子袭击的危险,这等于变相承认法国在利比亚和叙利亚"犯下错误"。德国总理默克尔在2016年12月30日的新年讲话中阐明"恐怖主义是德国面临的最大考验";英国首相特蕾莎·梅"内务缠身",一边忙于英国"脱欧"事宜,一边同工党,以及自己保守党内的力量进行政治博弈(而且她错误地在2017年6月举行新大选,置自己和保守党于危险境地),同时还需应对接二连三发生的恐怖袭击,疲于奔命,无暇他顾,丧失了对外干预的热情。整个欧盟的外交政策都出现了"内向化"的趋势，对中东北非地区和叙利亚局势更多的只是"关照"，出于维护自身安全和减少源头难民的考虑，提供人道主义援助和辅助美军打击"伊斯兰国"；相比之下，欧盟更想扎起篱笆，2016年6月欧盟成立了边境与海岸警卫局，强化边境管控并同非洲国家合作，阻止非法经济移民偷渡地中海进入欧盟。卡扎菲的利比亚原本是阻挡撒哈拉沙漠以南非洲国家移民为改善经济收入，横渡地中海偷渡欧盟的屏障，但现在卡扎菲"斯人已去"，欧盟只得吞咽自己酿就的苦果，自己动手来"承担"卡扎菲的职责。

中欧合作：能否成为叙利亚内战中的第三种"力量"？

以叙利亚内战为"暴风眼"的中东地区形势复杂，目前既有美俄两个域外大国在军事安全方面的较力，又有以沙特、卡塔尔为首的逊尼派海湾阿拉伯国家和以伊朗为代表的什叶派国家各自支持叙内部力量进行"代理人"战争的混乱局面。叙利亚反政府武装派系林立，"伊斯兰国"、基地组织、努斯拉阵线等宗教极端势力在其中占有很大份额。中国在中东地区外交上处于相对超脱的地位，但同时我们也面临着在政治和安全事务上抓手不足，影响力有限的困境。

◆ 叙利亚内战与欧洲

　　随着中国国际地位的不断上升和国际影响力的增加，中东国家对中国在国际安全领域提供更多的公共产品有更高的期望。中国在中东地区不选边站队，不主张军事干预，始终坚持认为应该通过政治对话和外交途径解决地区冲突，在中东各国享有很高的声誉。中国国家主席习近平在2016年年初访问阿盟总部时说："中国古代圣贤孟子说：'立天下之正位，行天下之大道。'中国对中东的政策举措坚持从事情本身的是非曲直出发，坚持从中东人民根本利益出发。我们在中东不找代理人，而是劝和促谈；不搞势力范围，而是推动大家一起加入'一带一路'朋友圈；不谋求填补'真空'，而是编织互利共赢的合作伙伴网络。"[①]

　　同以能源为核心的经济发展领域的合作相比，中国在安全领域对叙利亚战局和中东地区的整体影响力偏小，总体来看，这种状况与中国的军事投射能力、思想理念和投入意愿有关。投射能力方面，中国在中东地区没有军事基地，吉布提的补给点也仍在建设之中，无法独立实施对"伊斯兰国"的空中打击；思想理念和投入意愿方面，中国的外交原则是"不干涉内政"，习近平主席在阿盟的讲话实际上已经清晰地阐明了中国在中东地区"不找代理

---

① 《习近平在阿拉伯国家联盟总部的演讲》（全文），新华网，2016年1月22日，http：//www.xinhuanet.com/world/2016-01/22/c_1117855467.htm。

人""不搞势力范围""不谋求填补'真空'"的原则立场。

但在"三不"原则之下,中国的中东政策仍需"有所作为",在美俄两大力量较力中东的情势下,中国需要在不选边站队的前提下,发出自己的声音,提供解决中东问题、具备可操作性的"中国方案",并需要联合一切可以联合的力量,争取"中国方案"能够得到各方认同,使其成为缓解,乃至解决叙利亚危机的主导方案。中国外交部长王毅在"2017年国际形势与中国外交研讨会"开幕式上的演讲中说:"叙利亚问题有望转入政治解决的新阶段,我们支持通过对话谈判达成未来政治安排,支持通过合力反恐维护地区稳定,支持通过和平重建实现长治久安。"[1]

中国已提出"叙人所有、叙人主导",域外力量帮助叙利亚各方停火,以政治对话和磋商解决叙利亚问题的方案和思路。但在叙利亚问题上,已形成俄罗斯、伊朗与美国、海湾阿拉伯国家、欧洲国家的"两极"对抗的今天,中国需要在既有原则立场下,调整策略,在争取更多"志同道合"者方面多着笔墨。

中国面临"结伴"的几种选择:第一,靠近俄罗斯与伊朗,但这会引发美欧以及海湾阿拉伯国家特别是后者的

---

[1] 王毅:《在2017年国际形势与中国外交研讨会开幕式上的演讲》,http://news.sina.com.cn/o/2017-12-09/doc-ifypnyqi2574764.shtml。

◆ 叙利亚内战与欧洲

敌意，不利于中国能源供给安全；第二，支持海湾阿拉伯国家立场，但这有悖于我国尊重包括叙利亚在内的主权国家自主自治的原则立场，同时也不利于叙利亚的和平构建；而第三种"结伴"选项，即同欧盟或英法德等欧洲国家中的几个大国提升合作力度和水平，则相对可行。欧盟及欧洲国家自身身受中东极端思想和恐怖主义"外溢"之苦，现在有强烈的稳定中东局势的意愿，同时它们虽然追随美国，但保持相对独立。在意愿上，中欧皆愿意扮演政治调解人的角色；在军事存在方面，中欧皆非美俄这样的主要参与者；在能源依赖上，中欧均比美国对中东地区的需求高，美国由于页岩气和页岩油革命，在未来5年即可实现能源进出口平衡；在去极端化宗教思想方面，中欧也均有现实需求，中东是伊斯兰思想主流和根源所在，去极端化的主战场在中东。所以目前存在这种可能，即中国与欧盟及欧洲国家开展实质性和机制性调停合作，成为美国和俄罗斯之外的第三支域外"力量"，促成叙利亚停火、平衡各方力量与诉求，甚至重塑中东地区安全秩序。目前，稳定和安全已经取代人权和民主成为欧盟首要考虑要素，这样，欧盟与中国在处理中东事务的思想层面上已经具有共通基础。

因中东北非地区的政治动荡陷入混乱的中东局势不符合中欧双方的战略利益，欧洲在日益趋向内向化的进程中，并未放弃对外发挥影响力的"雄心"，所以中欧虽然都不是叙利亚内战最主要的参与方，但在美国逐渐从中东"抽身"，强势干预叙利亚问题的意愿减弱，俄罗斯财政受低油价拖累频亮"红灯"，伊朗期望国际经济合作，土耳其在政变后转而更多关注国内问题的背景下，可以联合发挥斡旋和调停叙利亚战争的作用。同时，中欧作为联合国的两大支持力量，对叙利亚战后重建工作均拥有很强的责任感，中欧互补也具有协助重建叙利亚的能力和经验，可以合作成为叙利亚内战中维护和平、稳定局势的"第三支力量"。

具体合作建议如下：

1. 建立"中国—欧盟—中东"三边协商机制。成员包括中国、欧盟和英国、法国、德国、意大利等欧洲国家，以及海合会国家和伊朗、土耳其等中东地区大国。欧盟对接单位应为欧盟对外行动署。目的是通过政治磋商了解中东各国意见和需求，配合联合国特使促进叙利亚停火，实现地区和平，并为叙利亚战后政治架构设定和重建安排做预备工作。此机制以中国和欧盟为提案主体，将美俄作为联系国对待。

中美之间已经就中东问题建立了正式对话机制，中俄和中欧之间还没有类似的机制性磋商。"中国—欧盟—中东"三边磋商机制将当事的中东国家纳入这一小多边磋商机制，有利于集中相对中立的力量，发出军事干预之外的政治斡旋强音，并可从长远角度提出利于叙利亚和平稳定的建议，比如在叙利亚内战停歇后，联合提议召开叙利亚战后和平大会，商讨战后重建安排等事务。

2. 由外交部牵头设立常设性、有专属秘书处的"中国—欧盟中东事务合作委员会"，吸收政府部门、企业代表、教育和智库人士参加。它应是一个讨论和管理油气开发、地区安全、新能源和基础设施建设、社会发展、人员交流等事项的综合性机构。欧盟88%的原油需要进口，40%来自中东地区；中国石油进口依赖度2016年也超过60%，超过一半进口来自中东地区。美国在发明水力压裂法，页岩油和页岩气产量大增后，目前已成为比肩沙特和俄罗斯的主要产油国，对中东的石油需求逐年下降。中欧作为中东地区油气的主要进口方，需要一个常设机构通报立场、协调利益、强化合作。

3. 加强中国"一带一路"倡议与欧盟新设立的可持续发展基金在中东地区的对接。2016年9月，欧盟委员会提出新设立欧洲可持续发展基金，从欧盟预算和欧洲发展基金中拨出33.5亿欧元，借以带动440亿欧元投资资金，向非洲以及欧盟周边地区投资。中国和欧盟在帮助这一地区发展中国家发展经济，摆脱经济和安全困境的目标一致，方法和手段相通，"一带一路"倡议同欧盟的新发展规划具有诸多相似之处，如能进一步相互协调对接，就可以产生"合力"效应，共同促进亚欧大陆的繁荣和稳定，使中欧关系具有更丰富的全球内涵。

第五章 展望

4. 中欧在中东地区进行具有更多实质性内容的安全合作。中国海军护航索马里的行动广受欧洲好评，除继续维持此行动之外，我国应拓展更多具有典型意义的安全合作。欧方对中国无人机发展很有兴趣，中国可在进行技术处理后协助欧洲相关国家发展无人机产业，使其减少对美国的武器供给依赖。在军工产品合作过程中，培养军工界的友华力量，游说欧盟解除对华武器禁运。

附　　录

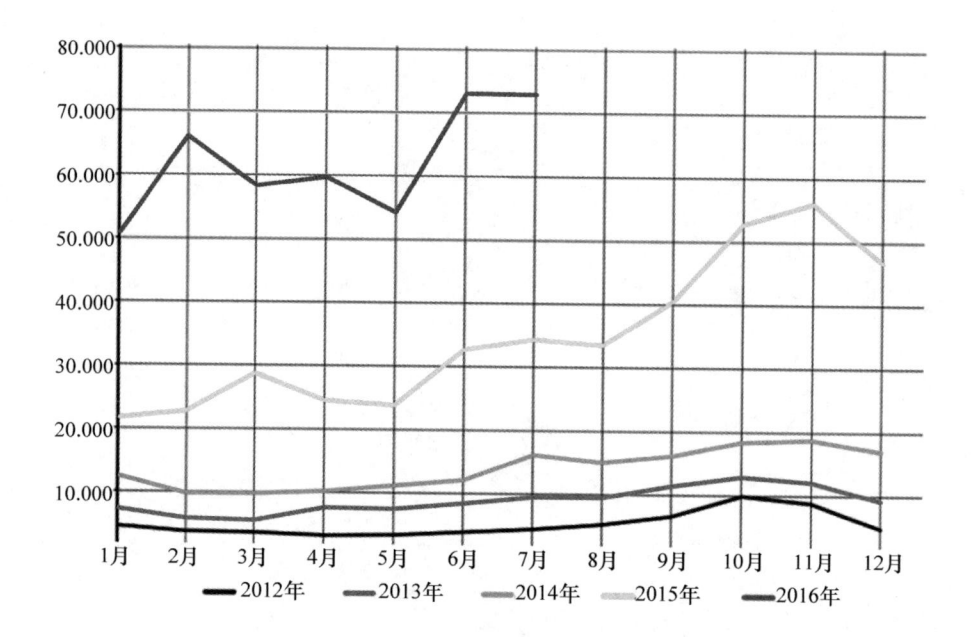

图1　2012—2016年德国难民申请人数变化

资料来源:"Aktuelle Zahlen zu Asyl", Bundesamt für Migration und Flüchtlinge, Zugriff am 01.08.2016, Siehe nach, http://www.bamf.de/SharedDocs/Anlagen/DE/Downloads/Infothek/Statistik/Asyl/aktuelle-zahlen-zu-asyl-juli-2016.pdf?＿＿blob=publicationFile, 第6页。

附 录

表1　英、法两国在叙利亚及周边地区的（常规）军力部署与空袭行动情况

国家	现役兵力	打击"伊斯兰国"的兵力	空军力量	海军力量	海外基地	其他（供参考）
英国	约21.1万人	—	8架战机，其中包括：2架"狂风"（Tornado）战斗机和6架"台风"（Typhoon）战斗机，配备有精确制导的"硫黄石"（Brimstone）反坦克导弹和"宝石路"（Paveway）激光制导炸弹；派出"死神"（Reaper）无人机用以收集情报，并授权加装"地狱火"（Hellfire）导弹以打击地面目标。此前部署在伊拉克境内的战机也参与了对叙利亚境内"伊斯兰国"极端组织的空袭行动①	—	塞浦路斯的皇家空军阿克罗蒂里基地；拟在巴林开建新的基地	驻外兵力②
法国	约29.5万人	800名	11架"阵风"、"超军旗"战斗机和直升机等	"戴高乐"号航母	阿联酋	驻外兵力③

资料来源：笔者根据网络资料整理。

---

① 位于卡塔尔境内的空军联合指挥中心（Combined Air Operations Centre）协调英国皇家空军的所有行动。

② 驻塞浦路斯3250人。其中陆军2150人，2个步兵营，1个工兵支援中队，1个直升机小队；空军1100人，1个直升机中队（4架"威赛克斯"HC-2型），另有飞机和防空雷达分遣队。

③ 其中，驻德国部队2700人，安的列斯地区3800人，法属圭亚那3250人，印度洋地区4200人，新喀里多里亚3100人，波利尼西亚3100人，乍得990人，科特迪瓦500人，吉布提3200人，加蓬680人，塞内加尔1170人。

◆ 叙利亚内战与欧洲

表2　　　　　　　　　德国在中东的军事部署等情况

形式	联邦国防军/"爱国者"地空导弹武器系统	联邦国防军	驱逐舰	"阵风"侦察机	联邦国防军
数量	400人/两套导弹防御系统	150人	1艘	6架	1200人
议会通过决议时间	2012年12月	2015年1月	2015年12月4日		
任务地点	土耳其	伊拉克北部	地中海东部	使用土耳其空军基地	中东地区
任务范围	仅发挥防御功能；不支持设立叙利亚领空禁飞区与主动进攻；协助当地美国、荷兰驻军	培训、装备库尔德人武装	护卫法国"戴高乐"号航空母舰	在叙利亚上空进行侦察并提供补给	协助打击"伊斯兰国"；不直接与"伊斯兰国"武装人员交战；向国际联盟提供技术和后勤支持

资料来源：笔者根据网络资料整理。

欧盟及法、英、德等国关于叙利亚内战的政策大事年表
（2011年3月—2017年8月）

2011年

3月

叙利亚的反政府抗议升级为一场旨在推翻巴沙尔·阿萨德政权的政治危机，随后叙利亚陷入内战。

4月

法国宣布对叙利亚实施"人权制裁"和经济制裁。法国外交部表示，法国正在说服联合国和欧盟，以便它们采取"强劲措施"，制止叙利亚当局针对抗议者的暴力行为。

26日，法国总统萨科齐与意大利总理贝卢斯科尼呼吁叙利亚当局停止针对抗议者的"暴力镇压"。萨科齐同时表示，没有联合国安理会的决议，任何国家都不会介入叙利亚局势。

5月

10日，欧盟理事会宣布对叙利亚实施制裁，制裁措施包括禁止向叙利亚出口武器或可用于国内镇压的装备，限制叙利亚总统巴沙尔·阿萨德等13名叙利亚高官在其27个成员国范围内入境，并冻结这些官员的海外资产。

23日，欧盟27国外长会议就中东北非局势进行了讨论与研究，决定加大对叙利亚制裁力度，将叙利亚总统巴沙尔·阿萨德和其他一些叙利亚官员列入制裁名单。

6月

7日，英国外交大臣威廉·黑格说，叙利亚总统巴沙尔·阿萨德正在失去合法性，他应该要么进行改革，要么就去职。黑格说，英国正试图在联合国赢得支持，推动安理会制定一项决议以谴责叙利亚的镇压行动，并且英国还在探讨如果暴力活动继续，欧盟对叙利亚实施进一步制裁的可能性。

8月

1日，欧盟加强了对叙利亚的制裁措施：35名叙利亚人不得进入欧盟，他们在欧盟的财产已被冻结。此外，欧盟各家公司不得同4家被列入制裁名单的叙利亚企业开展业务。

4日，在联合国通过对叙利亚局势的主席声明后，欧盟考虑是否也对叙利亚石油生产领域的头面人物发出不得入境的禁令。

4日，叙利亚总统巴沙尔·阿萨德签发总统法令，允许叙利亚实行多党制。但法国抨击称巴沙尔·阿萨德此举缺乏可信度。法国外长朱佩对此警告称，如果叙利亚不做出改变，法国将向联合国安理会寻求对叙利亚采取进一步措施。

13日，美国总统奥巴马与英国首相卡梅伦和沙特国王阿卜杜拉对叙利亚的局势进行磋商。一致同意对叙利亚领导人采取进一步行动；重申叙利亚政府必须立即停止对平民的武力镇压。

10月

法国在美国的支持下，联合英国、德国等向联合国安理会提交决议草案，呼吁国际社会支持欧美等西方国家对叙利亚政府进行制裁。

4日，联合国安理会就法国、英国等提交的叙利亚问题决议草案进行表决。法国、英国、德国、美国等赞成，俄罗斯、中国反对，决议草案未能获得通过。

11月

法国外交部长阿兰·朱佩声称，不排除对叙利亚采取军事手段，这意味法国成为第一个提出对叙利亚进行军事干预的西方大国。

14日，欧盟外长会议决定再次扩大对叙利亚的制裁。又有18名"应对违反人权行为负责"的人被列入制裁名单，欧盟将冻结他们在欧资产并禁止向他们发放签证。此外,还禁止欧洲投资银行继续向叙利亚的银行发放贷款,并要求其中止履行与叙利亚签署的主权项目援助合同。

16日,法国外交部长阿兰·朱佩宣布,法国决定召回驻叙利亚大使。

28日,欧盟成员国就对叙利亚实施新的经济制裁达成了一致,新的制裁措施包括:禁止对除食物和药品以外的叙利亚贸易进行长期金融支持,禁止通过国际金融机构向叙利亚政府提供贷款,禁止欧盟企业交易叙利亚国债,禁止叙利亚银行在欧洲设立分支机构或者对欧洲银行进行投资等。这些制裁措施的目的在于切断叙利亚政府的资金链条。

2012年

1月

3日,法国总统萨科齐要求叙利亚总统巴沙尔·阿萨德下台,表示叙利亚人民应有权"选择自己的命运",并呼吁国际社会对叙利亚采取"最严厉的制裁措施"。

30日,叙利亚霍姆斯地区暴力冲突升级,共造成96人死亡,其中包括55名平民。欧洲理事会主席范龙佩表示,欧洲对"叙利亚政府的镇压行为表示愤慨"。

2月

4日,俄罗斯和中国否决安理会的叙利亚决议案后,美国和欧洲等国反应强烈,认为这将使该国动乱加剧,有可能引发内战。它们有意建立一个国际联盟,加强对大马士革的制裁，对叙反对派提供更大支持。

5日，法国外交部长阿兰·朱佩称，法国将"帮助叙利亚反对派建立一个完善的组织系统"，并设法就叙利亚问题建立一个国际联盟。

6日，英国外交大臣威廉·黑格称已经下令召回英国驻叙利亚大使回国对叙利亚问题进行磋商。黑格表示，虽然联合国安理会有关叙利亚问题决议草案未能获得通过，英国将继续采取行动。

7日，欧盟外交和安全政策高级代表凯瑟琳·阿什顿的发言人迈克尔·曼恩证实，欧盟正在制定对叙利亚的新一轮制裁措施，包括冻结叙利亚中央银行在欧盟国家的资产。此外，欧盟还将就禁止向叙利亚出口和从该国进口磷酸盐、黄金、其他贵重金属和金刚石的制裁措施进行讨论。

7日，法国外交部发言人伯纳德·瓦莱罗说："鉴于大马士革政权对其领导下的民众发起的镇压行动愈演愈烈，法国官方决定将法国驻叙利亚大使召回，并向他咨询当地局势。"

9日，德国外交部长韦斯特韦勒宣布驱逐4名叙利亚驻德国外交官。

13日，法国外交部长阿兰·朱佩表示，法国反对向叙利亚派出由联合国和阿拉伯国家联合组成的维和部队。

16日，欧洲议会通过一项关于叙利亚局势的决议，谴责叙利亚的暴力升级，要求巴沙尔·阿萨德总统下台，呼吁欧盟增加对叙反对派的政治和技术支持，并要求欧盟外交和安全政策高级代表凯瑟琳·阿什顿加强欧盟驻大马士革代表团的"人道主义能力"。要求欧盟所有成员国召回驻叙利亚大使，停止跟叙利亚的外交接触，对叙政权实行新的制裁。欧洲议会还要求凯瑟琳·阿什顿尽一切努力争取俄罗斯和中国的合作，以保证联合国安理会通过一项叙利亚问题决议。决议还呼吁俄罗斯立即停止对叙利亚的武器供应，同时要求欧盟恪守武器出口禁令。

3月

2日，欧盟春季峰会批准了欧盟近日对叙利亚作出的制裁决定，并要求其着手准备对叙利亚的进一步制裁。峰会通过决议，要求叙利亚总统巴沙尔·阿萨德辞职，为叙"和平过渡"铺平道路；要求叙利亚当局立即停止针对平民的大规模"暴力和反人权行动"。

24日，据法国媒体报道，欧盟已将叙利亚政府及其相关部门的150名代表列入禁止入境黑名单，其中包括叙利亚国有航空公司和中央银行。

4月

1日，法国外交部长阿兰·朱佩参加针对叙利亚危机的第二次"叙利亚之友"会议时表示，必须为叙利亚政府执行安南提出的和平计划，设定期限。

2日，俄罗斯表示，"叙利亚之友"国际会议决定向叙利亚反对派武装提供包括军事支持在内的直接援助，这同和平解决叙利亚危机的宗旨背道而驰。

2日，美、英、法等国对叙利亚总统巴沙尔·阿萨德政权的施压继续，试图让联合国安理会通过官方的主席声明，将4月10日确定为叙利亚各方停火的最后期限。主席声明草案提及如果叙利亚总统巴沙尔·阿萨德对停火协议"违约"，美、英、法等国不排除采取"进一步的措施"。

5日，联合国安理会通过主席声明，呼吁叙利亚政府履行其对叙利亚危机联合特使科菲·安南的承诺，在4月10日前实现停火，呼吁反对派在政府军采取上述措施后48小时内停止一切形式的暴力活动。

14日，联合国安理会一致通过决议，决议说，安理会打算在所有各方持久停止一切形式武装暴力并在联合国秘书长同叙利亚政府协商后，立即设立联合国叙利亚监督特派团，监测各方停止暴力以及执行六点建议相关方面的情况，要求联合国秘书长在4月18日前就此向安理会提出正式建议。

14日，欧盟外交和安全政策高级代表凯瑟琳·阿什顿发表声明，欢迎联合国安理会当天通过的关于向叙利亚派出军事观察员先遣队的决议。

5月

6日，法国左翼政治家，社会党重要领导人，科雷兹省国民议会议员兼省议会议长弗朗索瓦·奥朗德以

51.67%的选票战胜现任总统萨科奇（48.33%），当选为法兰西第五共和国第七位总统，也是第二位左派总统。萨科齐在法国总统选举中落败，无缘连任。

19日，为期两天的八国集团峰会在美国马里兰州戴维营闭幕。八国集团领导人在峰会闭幕后就欧债危机、伊朗核问题、叙利亚危机等议题发表了《戴维营宣言》。对于叙利亚危机，八国集团在宣言中呼吁叙利亚政府和叙利亚所有相关方立即全面履行其对联合国和阿拉伯国家联盟联合特使安南提出的和平计划的有关承诺。

25日，叙利亚霍姆斯市胡拉镇发生袭击事件，造成108名平民丧生，其中包括49名儿童。事件发生后，联合国安理会以及多国对袭击事件表示了强烈谴责。西方多国（法国、英国、德国、澳大利亚、加拿大等）为表抗议先后宣布驱逐叙利亚大使。法国总统奥朗德提出，如果联合国安理会授权，不排除武力介入叙利亚局势。奥朗德同时表示希望对叙利亚巴沙尔政权采取更为严厉的制裁，给叙利亚当局更大的压力，并对叙利亚反对派提供"必要的支持"。美国则认为武力介入叙利亚只会造成更多骚乱。俄罗斯呼吁由联合国主导就叙利亚胡拉镇发生的袭击事件进行客观公正的调查。

27日，联合国安理会发表声明，要求叙冲突各方立即停止一切形式的暴力活动，并要求叙政府立即停止使用重武器，将军队和重武器撤出居民聚居区。法国等西方国家指责叙利亚政府制造了屠杀胡拉镇平民的事件,先后驱逐叙利亚驻本国的大使和(或)外交官,法叙关系陷入低谷。

27日,叙利亚中部霍姆斯省胡拉镇事件后,英国政府反应强烈,外交大臣威廉·黑格已传召叙利亚驻英使馆临时代办,副首相尼克·克莱格称将禁止隶属于叙利亚政权的该国奥运代表团成员进入英国。

6月

6日,55个"叙利亚之友"成员国派代表参加了在华盛顿举行的工作组会议。会后,"叙利亚之友"发表声明,决定对叙利亚采取包括冻结资产和军火禁运等在内的更多制裁措施,以加大对叙利亚总统巴沙尔·阿萨德的压力。

6日,据外媒报道,美国国务卿希拉里·克林顿与英法等国的外交部长呼吁应尽快实施叙利亚政权过渡,现总统巴沙尔·阿萨德应将其所有权力转交至一个临时过渡政府,从而保证叙当局进行自由而公正的选举。

25日,欧盟外长会议通过针对叙利亚的第16轮制裁决议。该决议将冻结6家叙利亚企业在欧盟域内的资产,并对一名个人实施签证禁令,理由是他们支持或参与了叙利亚当局对平民的镇压行动。

25日,据英国《每日电讯报》报道,叙利亚军方22日击落一架土耳其F-4"鬼怪"战机后,土耳其方面表示不会与叙利亚开战,但要"惩罚"叙利亚,并请求北约就此召开讨论会议。随后,欧盟各国外长纷纷谴责叙利亚,但同时表示不支持对叙采取军事干预,敦促土耳其保持克制。

28日,联合国阿盟联合特使安南提议叙利亚组建民族联合政府,俄罗斯及其他大国对安南的这一提议表示支持。

30日,据联合国消息,叙利亚问题"行动小组"外长会议在日内瓦举行。会议通过公报,支持科菲·安南"六点建议"和安理会有关决议的实施,就由叙利亚人民主导过渡的指导方针和原则达成一致,其中包括在叙利亚成立"过渡管理机构"。公报指出,与会各方要求叙利亚各方立即停止一切形式的暴力。

7月

6日,据外电报道,第三次"叙利亚之友"国际会议在巴黎闭幕。大会发布会后声明,呼吁联合国安理会通过一份决议,用制裁而非武力的方式迫使叙利亚接受政治过渡计划。声明还称,各国同意大规模增加对叙利亚反对派的援助,包括向其提供安全可靠的通信设备。法国总统奥朗德表示,叙利亚危机已对世界和平与安定构成威胁。他呼吁俄罗斯支持推动叙利亚政治过渡进程。此外,奥朗德提出五点"承诺",其中包括对叙政府的制裁和向反对派提供援助。中国和俄罗斯均未参加此次会议。

16日,联合国—阿盟叙利亚问题联合特使安南抵达俄罗斯，17日与俄罗斯总统普京会晤谈及叙利亚危机。普京承诺，俄方将尽全力支持安南在调解叙利亚局势方面做出的努力。

19日，联合国安理会就英国等国提交的叙利亚问题决议草案进行表决，俄罗斯和中国对决议草案投了否决票，决议草案未获通过。这份涉叙决议草案重点援引了《联合国宪章》第七章内容，要求叙利亚政府10天内从城市撤出武装部队并停止使用重型武器，否则将依据《联合国宪章》第七章对叙采取行动。根据《联合国宪章》第七章，安理会可以在其决议未能得到当事方执行的情况下采取经济制裁或军事打击等手段，以维护国际和平与安全。

23日，叙利亚当局宣布，叙利亚将使用生化武器抗击来自国外的侵略。这是叙利亚第一次承认拥有大规模杀伤性武器。欧盟决定针对叙利亚强化武器禁运，要求成员国在领土或者领水范围内检查可疑船只或者飞机。另外，欧盟当天宣布对29名叙利亚个人施行制裁。

23—24日，欧盟外长举行会议商讨欧盟的对外政策，其中对叙利亚的政策以及新一轮的对叙利亚制裁成为媒体关注的重点。

8月

10日，英国外交大臣威廉·黑格宣布，英国将向叙利亚反对派追加提供500万英镑援助。他说，提供给叙反对派"叙利亚自由军"的是"非致命性"的援助，其中包括医药和通信设备,以及便携式发电机。此前,英国已经承诺向叙利亚反对派提供140万英镑的"非致命性"援助。

29日,德国总理默克尔和意大利总理蒙蒂呼吁叙利亚反对派准备好在巴沙尔·阿萨德政府下台的情况下夺取政权。

30日,正在联合国就叙利亚问题进行磋商的英国与法国外长宣布,将为叙利亚提供额外的人道主义援助。英国外交大臣威廉·黑格宣布,英国将在已经提供4270万美元的基础上,再追加470万美元的人道主义援助;而法国外交部长法比尤斯宣布,法国将在已经提供2500万美元的基础上,再向叙利亚提供627万美元援助。英法两国还警告叙利亚总统巴沙尔·阿萨德,称不排除用任何手段介入叙利亚冲突的可能性,包括军事手段。

10月

15日,欧盟27国外长会议通过了对叙利亚的新一轮制裁措施,包括禁止叙利亚航空公司飞机飞越欧盟领空以及在欧盟机场降落,并且禁止对经第三国向大马士革供应武器进行海运和航运承保。此外,另有28名叙利亚官员被列入制裁"黑名单",他们的资产将被冻结,本人将被禁止入境欧盟。

11月

11日,叙利亚反对派在卡塔尔首都多哈磋商会议上签署了一项有关建立反对派和革命力量全国联盟的协议,以整合所有反对派力量。12日,阿拉伯联盟与海湾六国宣布支持叙利亚反对派新联盟,承认其合法性。

13日,法国总统奥朗德宣布法国承认新成立的"叙利亚反对派和革命力量全国联盟"为叙利亚人民的唯一代表,巴沙尔·阿萨德政权应该下台;奥朗德还表示,如果反对派新联盟组建合法过渡政府,将考虑输送武器。法国成为首个承认"全国联盟"的西方国家。

13日,欧盟外交和安全政策高级代表凯瑟琳·阿什顿对叙利亚反对派新联盟表示欢迎,并宣布承认其合法性。凯瑟琳·阿什顿再次重申欧盟支持叙利亚向民主转变的政治进程。

15日,法国、德国、波兰、西班牙、意大利5国的外交部长和国防部长在巴黎召开会议,讨论叙利亚局势及其他一些热点问题。法国外长法比尤斯称,法国希望在对叙利亚反对派的援助中"走得更快、更远"。但德国外长韦斯特韦勒表示,一切取决于叙"全国联盟"的长期性和牢固性。英国外交大臣黑格也表示,希望叙"全国联盟"能够制订出"清晰的"政治过渡方案。

17日,奥朗德接见叙利亚"全国联盟"主席哈提卜。奥朗德表示,法国将同意叙利亚"全国联盟"派遣一名"大使"常驻巴黎。法国媒体对此评价称,奥朗德在针对叙利亚冲突的外交攻势中又迈出了一步,因为他成为接见叙利亚"全国联盟"高层的第一位西方国家领导人。

19日,欧盟和意大利承认"全国联盟"为叙利亚人民的"合法代表",但不是唯一代表。欧盟决定增加对叙利亚的人道主义援助。

20日,英国宣布承认叙利亚反对派新成立的"全国联盟"为叙利亚人民的唯一代表。

2013年

2月

4日,法国总统奥朗德会见美国副总统拜登,双方就马里问题、伊朗核问题、叙利亚等诸多国际热点问题交换了意见。

5日,第51届慕尼黑安全会议闭幕。此次会议议题重点涉及跨大西洋安全格局、马里和叙利亚局势、伊朗核问题等。

25日,英国首相卡梅伦和外交大臣黑格分别会见美国国务卿克里,就英美"特殊关系"以及共同关心的国际问题交换意见。双方同意加强在巴以问题、叙利亚危机、伊朗核问题等议题上的合作。

27日,法国总统奥朗德访问俄罗斯。28日,俄罗斯总统普京说,法国仍然是俄罗斯重要的战略伙伴。谈到叙利亚危机,奥朗德说,尽管法俄在开启叙政治对话的途径方面持不同观点,但是双方有一个共同的目标,即反对恐怖主义、避免叙利亚分裂。

3月

14日,法国外交部长法比尤斯表示,法英将要求欧盟

"现在"就解除武器禁运，以使叙利亚"抵抗运动成员"能够自卫。如果欧盟不能就解除对叙利亚的武器禁运措施达成一致，法英将决定独自向叙利亚反对派提供武器。但是，大部分欧盟国家认为这可能会导致更多流血冲突，因此态度谨慎。

4月

12日，8国外长会议重点对叙利亚和朝核问题进行讨论。

21日，德国外交部长韦斯特维勒在"叙利亚之友"外长会议结束后表示，该国将提高对叙利亚反对派的经济援助，但反对向其提供武器。

22日，欧盟27国外长会议重点讨论了缅甸与叙利亚问题，决定放宽对叙利亚的制裁，目的是要在经济上和技术上给予叙利亚反对派以支持，帮助他们推翻巴沙尔政权。

28日，关于叙利亚战场上出现化学武器的传闻日益引起国际社会关注。

5月

14日，英国首相办公厅发布消息，英国将向叙利亚追加3000万英镑人道援助，以及向叙利亚反对派追加1000万英镑非军事援助。

27日，欧盟各成员国外长通过决议：不延长对叙利亚的武器禁运，只是延长一年对叙利亚的经济制裁。欧盟当时对叙利亚的武器禁运制裁有效期将到 5 月 31 日，6 月 1 日欧盟对叙利亚的武器禁运将终止，欧盟各成员国可以自行决定是否向叙利亚反对派提供武器。对此，欧盟各国反应不一。德国总理默克尔明确表示，德国绝不会向叙利亚出售武器。

6 月

4 日，联合国叙利亚问题国际调查委员会发布调查报告称，有"适当理由"相信，叙利亚冲突中已使用了数量有限的化学武器。

6 日，欧盟委员会主席巴罗佐宣布，欧盟将向叙利亚及其邻国黎巴嫩及约旦"追加"4 亿欧元金援，主要将用于这些国家应对如潮的叙利亚难民。

17 日，八国集团峰会将全球经济和反恐列入重要议题。

18 日，八国集团峰会结束后的共同声明中呼吁组建叙利亚过渡政府，并尽快召开叙利亚会议。在俄罗斯的要求下，声明中并未提及现任总统阿萨德是否必须下台。声明还指出，对叙利亚及其邻国的人道救援应增加至 11 亿欧元。德国将提供 2 亿欧元的援助款。俄罗斯则再次批评美国向叙利亚反对派输送武器的计划。

7 月

22 日，法国与阿拉伯联合酋长国签署一份总额约 8 亿欧元的军售合同，这是奥朗德就任总统以来法国最大的一笔防务出口订单。

8 月

22 日，法国总统奥朗德对叙利亚 21 日造成人员死亡的袭击以及可能使用化学武器表示"不安"，重申法国完全支持联合国尽快完成对此事件进行迅速和公正的调查此项使命。

25 日，美国总统奥巴马与法国总统奥朗德通电话，双方讨论了叙利亚局势，包括协调对叙政府使用化学武器作出国际反应等问题。

26 日，德国对于法国动用武力对叙利亚进行军事干预的呼吁建议谨慎行事。

26 日，美国总统奥巴马与英国首相卡梅伦通电话后，决定对叙发动导弹攻击。

27 日，英国首相卡梅伦召集议员商讨应对叙利亚危机。

27 日，法国总统府宣布，奥朗德将于 29 日与叙利亚主要反对派"全国联盟"的领袖阿尔贾巴会晤。此外，奥朗德表示，法国"准备惩罚"叙利亚，并表示叙利亚冲突已危及世界和平。他表示，法国将增加对叙利亚主要反对派团体"叙利亚全国联盟"的军事援助，并提及联合国 2005 年《保护平民责任》的决议案。奥朗德对法国媒体称："国际社会本周就会做出回应，台面上目前有诸多选项，包含加强国际制裁，以至发动空袭和为反抗军提供武器。"

28日，据英国《太阳报》报道，一项最新的民意调查显示，50%的英国人反对英国空袭叙利亚，支持者仅占25%。此外，大部分受访者还认为，英国国会应该在是否参与叙利亚战争问题上进行全民投票。

28日，针对叙利亚政府对百姓使用化学武器传闻，英美等国计划武力介入，但英国几位前将领纷纷反对打击叙利亚，警告军事行动可能造成叙国内战恶化，后续效应难以预测。

29日，英国政府表示，同意推迟对叙采取军事打击，并表示英国将在联合国叙利亚化学武器问题调查组得出结论之后，再决定是否对叙利亚展开军事行动。

29日，法国国防部称，该国军队已做好对叙利亚动武的准备，只等待总统奥朗德的决定。奥朗德接见叙利亚反对派领导人后表示，应当尽一切努力寻求政治解决办法，但是政治解决只有在叙利亚反对派联盟具备必要实力尤其是军事实力，从而能够成为"可替代选项"的情况下才能实现。

29日，英国议会以285票对272票的投票结果否决了首相卡梅伦提出的对叙军事干预提案。之后，英国防务大臣哈蒙德表示，英国将不会参与任何形式的对叙军事行动。

9月

4日，美国国会参议院外交关系委员以10∶7的表决结果通过对叙动武决议，但禁止美军派出地面部队参战。

9日，俄罗斯提出将叙利亚政府化学武器置于国际监督下逐步销毁的提议，法国政府对此进行了商讨；10日，法国表示将向联合国安理会提交一份决议草案，约束叙利亚政府销毁化学武器。

10日，美国总统奥巴马表示，美国正与俄罗斯等多国寻求合作，欲迫使巴沙尔·阿萨德政权放弃化学武器。但他同时表示，美国军队将继续对阿萨德政权施压，如政治解决方案失败，军队将立即反应。

11日，俄罗斯向美国提交了如何处理叙利亚化学武器的方案，提出将叙利亚储存的化学武器交由国际社会共同监管。此前法国曾要求叙利亚方面在15天内销毁化学武器并将其设施向调查员开放。美国总统奥巴马则要求国会推迟是否对叙利亚动武的议案的表决，以便美国和俄罗斯等国能够合作，通过外交途径解决叙利亚问题。

27日，联合国安理会一致通过第2118号决议，决定核查和销毁叙利亚的化学武器。这是自叙利亚冲突爆发以来，安理会所通过的第一份有关叙利亚问题的决议草案。

10月

13日，德国外交部发布消息说，禁止化学武器组织负责销毁叙利亚化武储备的专家组在赴叙前，将在德国接受5天培训。费用由德国政府出资，并提供专用飞机运送专家前往叙利亚。

16日，法国总统奥朗德表示法国将与欧盟国家协调一致，共同应对地中海地区国家的难民问题，承诺法国将接收500名叙利亚难民。

12月

27日，来自俄罗斯、中国、美国、叙利亚、联合国以及禁止化学武器组织等国家和国际组织的专家举行会晤，商讨销毁叙利亚化学武器有关事宜。

2014年

1月

9日，德国政府宣布，该国专家将协助销毁从叙利亚移除的化学武器。德国外交部长施泰因迈尔强调，之所以做出此项决定，部分是为了维护在处理叙利亚内战问题上的国际公信力。德国国防部长冯·德莱恩则发表声明称，"在销毁化学武器残余物质方面"，德国"拥有安全的技术与长期的经验"。

31日，德国总理默克尔表示，德国愿在伊朗核谈判、叙利亚危机和马里冲突等问题上发挥政治影响力，并强调："为了推动一些冲突得到解决，德国必须参与其中。"

31日，英国首相卡梅伦与法国总统奥朗德举行会谈，表示将在打击到叙利亚参战的极端分子方面进行合作，以防止他们返回欧洲后对本国安全带来威胁。

2月

1月31日至2月2日，第五十届慕尼黑安全会议举行。德国总统高克在开幕式上发表主旨演讲，呼吁德国应"更及时、更坚决和更切实地"参与国际事务。德国国防部长冯·德莱恩、外交部长施泰因迈尔也在讲话中主张德国承担更多国际责任，甚至包括军事介入。德国总理默克尔表示，德国参与国际事务的范围仍将集中在外交、发展援助和训练当地军警方面，军事介入是最后一种选择。

17日，欧盟宣布向禁止化学武器组织（OPCW）资助1200万欧元，用于销毁叙利亚化学武器。

10—12日，法国总统奥朗德访问美国，这是1996年以来法国总统对美国进行的首次国事访问。法国《世界报》认为，奥朗德此次到访将有利于消除双方在对叙利亚动武和伊核问题上存在的误解与不快，深化两国关系。

6月

16日，法国国防部长勒德里昂表示，由于全球订单回升，法国2014年武器出口额有望达到70亿欧元（95亿美元）。法国武器出口额上升主要是因为对中东地区的武器出口增长，占出口总额的40%，其中包括对沙特舰队价值5亿欧元的升级合同。

8月

7日，禁止化学武器公约组织表示，由英国负责的销毁叙利亚化学武器的工作已经完成，销毁了190吨来自叙利亚的化学武器，这占所有运出叙利亚的化学武器库存的15%。到目前为止，叙利亚全部化学武器库存的74.2%已经被销毁。

8日，英国首相卡梅伦对美国授权在伊拉克进行定向空袭的决定表示欢迎。

12日，欧盟各成员国驻欧盟大使开会决定，允许成员国单独向伊拉克库尔德武装提供武器援助。

13日，法国总统奥朗德宣布，法国将向伊拉克库尔德武装提供武器。

20日，德国外交部长施泰因迈尔表示，德国准备向伊拉克库尔德人提供武器支持，帮助其对付极端组织"伊斯兰国"。

29日，英国内政部把英国面临的国际恐怖袭击威胁级别提高至"严峻"，并表示英国遭受恐怖袭击的可能性"极高"。英国内政大臣特蕾莎·梅称，此次反恐预警级别的调整，是针对目前伊拉克和叙利亚局势做出的反应。

30日，德国联邦政府决定，将向伊拉克北部的库尔德武装提供武器用以抵抗"伊斯兰国"。德国国防部长冯·德莱恩和外交部长施泰因迈尔阐明了德国的立场："向库尔德人提供武器是我们应尽的人道主义责任，同时打击'伊斯兰国'势力也符合德国的利益。"

9月

18日，法国国民议会表决通过了《反恐怖主义法》，尤其是禁止法国人前往中东参加"圣战"。

19日，美国发布的打击"伊斯兰国"国际联盟名单中，英、法等54个国家和欧盟、北约等地区组织在列。

19日，法军的"阵风"战斗机对伊拉克东北部的恐怖分子发动第一次打击，"完全摧毁"一处装载军需品的后勤仓库。美国总统奥巴马称赞法国是打击恐怖主义的"可靠伙伴"。

22日，美国与盟友开始在叙利亚境内进行空袭，打击"伊斯兰国"极端组织。

23日起，美国连续对位于叙利亚境内的"伊斯兰国"目标展开空袭，英法德等国家相继采取措施重返伊拉克，誓言打击"伊斯兰国"。

24日，法国总理瓦尔斯在国民议会为法国在伊拉克的军事行动辩护，称欧洲和法国的安全受到了威胁。法国作为联合国安理会常任理事国，必须承担其责任。

25日，法国战机在伊拉克对"伊斯兰国"恐怖组织展开了新一轮空袭。

25日，德国国防部长与库尔德领导人举行会谈，讨论打击"伊斯兰国"极端分子以及柏林提供武器给予帮助的事宜。

26日，英国议会下院经过投票表决，以524票赞成，43票反对的结果，批准英军参与空袭伊拉克境内"伊斯兰国"极端组织的军事行动。

11月

4日，法国议会通过《反恐怖主义法》草案，将通过禁止出国旅行等方式防止本国公民前往叙利亚和伊拉克等国参加"圣战"。

18日，欧盟成员国国防部长会议指出，当前欧洲的安全环境正发生显著变化，伊拉克、叙利亚、乌克兰和非洲萨赫勒地区的不稳定局势等正影响欧洲安全及世界和平稳定。

23日，法国总理瓦尔斯宣布，法国派遣的"幻影"式战机数日后将在伊拉克邻国约旦部署到位，进一步增强旨在打击"伊斯兰国"的军事力量。

12月

15日，英国宣布，将派数百名英国士兵前往伊拉克，旨在培训当地库尔德人和伊拉克军队技能，以对抗"伊斯兰国"组织。

16日，英国决定在海湾国家巴林重建军事基地。

2015年

1月

7日，武装分子袭击了法国《查理周刊》杂志社巴黎总部，造成12人死亡、十余人受伤。事发后，法国总统奥朗德说，这是一次恐怖主义袭击，是空前的野蛮行径。

14日，法国总统奥朗德宣布"戴高乐"号航母将开赴近东，必要时将打击"伊斯兰国"，在伊拉克执行更强劲和更有效的行动。

16日，美国国务卿约翰克里表示，美国愿与法方一道就联合反恐进行探讨。法国外长法比尤斯表示，反恐需要国际社会共同努力。法国将在情报交换、技术与互联网等方面与美国加强合作,共同预防和打击恐怖主义。

19日,欧盟成员国外长会议商讨国际形势,一致同意与阿拉伯国家加强合作、分享情报,共同应对恐怖主义的威胁。

22日,美、法、英等国外长参加了打击"伊斯兰国"恐怖组织的国际联盟的会议,讨论如何打击从国外进入伊拉克和叙利亚的"圣战"分子,如何切断"伊斯兰国"恐怖组织的资金来源,如何帮助因暴力而逃亡的当地民众。

23日,法国总统奥朗德呼吁全球行动起来,共同反对恐怖主义。

22日,法国宣布将向伊拉克派遣20多名军官担任军事顾问,帮助制订和准备实施战斗计划等。

31日,英国首相卡梅伦发表声明,呼吁日本与英国一道,携手摧毁"伊斯兰国"。

2月

1日,法国总统奥朗德发表声明,表示将与日本团结一致,强调"日法两国今后也将共同致力于中东地区的和平与消灭恐怖组织"。

23日,法国"戴高乐"号航母战斗群参加了国际联军打击"伊斯兰国"极端组织的军事行动。

3月

4日,欧盟委员会副主席兼欧盟外交和安全政策高级代表莫盖里尼在布鲁塞尔宣布，欧盟正式启动制定新版"欧盟睦邻政策"的程序。

4月

18日，法国总理瓦尔斯表示，法国反对欧盟各国实施分摊配额制的办法来接收海上难民。

29日，法国总统奥朗德宣布，法国决定在今后4年内追加军费38亿欧元，以便应对来自国内外的恐怖主义威胁，确保国家安全利益。

5月

4日，法国总统奥朗德参加法国达索集团向卡塔尔出售24架先进战机（总价为63亿欧元）的正式签字仪式。随后，奥朗德与卡塔尔埃米尔举行会谈，议题包括海湾合作以及也门局势。

5日，奥朗德参加在沙特阿拉伯举行的海湾六国集团会议。奥朗德成为第一个受邀与会以及会见沙特新国王的西方国家领导人。

22日，欧洲委员会成员国外长日前签署了一项具有法律约束力的国际协议，以应对欧洲本土愈演愈烈的伊斯兰"海外战士"前往伊拉克及叙利亚加入"圣战"组织所带来的安全威胁。

6月

2日，根据法国国防部发布的报告显示，法国2014年武器出口额为82亿欧元（91亿美元），增长18%，是最近15年内的最高水平。2015年，法国武器出口仍然保持良好，其中向埃及和卡塔尔分别出口24架"阵风"战斗机。报告指出，法国成为全球第四大武器出口国，紧随美国、俄罗斯和中国之后。

24日，法国和沙特阿拉伯在飞机、核能等领域达成多项重要合作协议，包括空客直升机公司向沙特销售23架H-145直升机，总额为5亿欧元（约合人民币34.77亿元）。

7月

8日，默克尔称，在伊朗核谈判、解决叙利亚危机等国际问题上，俄罗斯是"长期伙伴"。在解决一些全球性问题方面，七国集团需要与俄罗斯合作。

9日，法、德两国宣布将为移民问题承担各自相应的责任。未来两年，两国将会分别接收9100名及1.21万名难民，共占难民总数的1/3。

20日，英国首相卡梅伦表示，英国将致力于与美国合作，一定要摧毁"伊斯兰国"组织。

8月

3日，英国宣布将延长空袭伊拉克境内"伊斯兰国"武装的时间，至2017年3月结束。英国国防大臣迈克尔·法伦表示，英国将继续加大为伊拉克地面部队提供空中支援的力度，还将在军事工程和军队医疗等领域继续为伊拉克提供支持。

24日,德国总理默克尔与法国总统奥朗德举行"难民峰会",共同呼吁欧洲各国和欧洲联盟,团结面对欧洲自"二战"以来的最大规模难民危机。

9月

14日,欧盟成员国批准采取军事行动,对付在地中海运作的人蛇集团,包括充公和摧毁用来走私人口的船只。

24日,法国总理瓦尔斯表示,在欧盟难民安置计划框架内,法国接收的难民数量最多不会超过3万人。报道称,瓦尔斯想要传递两条重要信息,即庇护权作为一项符合国际法的基本权利,始终是法国所秉持的核心价值观,然而法国并不能接收所有逃往欧洲的叙利亚难民。

27日,法国对叙利亚境内的"伊斯兰国"进行了首次空袭。法国总统府办公室发表声明称,法国在过去两周对叙利亚境内的"伊斯兰国"武装实施侦察,确立了目标。声明指出,这一行动是为了配合区域合作伙伴的打击活动。

27日,英国首相新闻发言人表示,卡梅伦愿意与俄罗斯就打击"伊斯兰国"极端组织开展合作。

10月

7日,默克尔与奥朗德呼吁欧盟团结一致,应对难民问题。这是德、法两国领导人25年来首次在欧洲议会发表联合演说。

7日,欧盟对组织偷渡地中海的人贩展开"索菲亚"

缉捕行动。意大利、法国、德国、英国以及西班牙出动6艘战舰，针对利比亚海湾的人贩进行打击。

18日，德国总理默克尔访问土耳其，双方愿意就难民危机加强合作。

24日，英国前首相布莱尔首次为伊拉克战争表示道歉，并间接承认对"伊斯兰国"的崛起负有责任。

7日，叙利亚巴沙尔·阿萨德政权与俄罗斯展开了新一轮更加紧密的军事合作。

30日，俄罗斯军方表示，俄罗斯在叙利亚境内开展空袭一个月以来，已摧毁超过1600处恐怖分子设施。

29—30日，美国、俄罗斯、土耳其和沙特阿拉伯以及英、法、德等国参加在维也纳举行的解决叙利亚危机多边会谈。

30日，美国驻俄罗斯大使约翰·特福特发表声明说，华盛顿准备好与俄罗斯合作打击"伊斯兰国"恐怖主义组织，同时希望叙利亚问题维也纳多边会谈取得进展。

11月

13日，法国巴黎发生连环恐怖袭击事件，造成数百人伤亡。极端组织"伊斯兰国"宣称对连环恐怖袭击事件负责。奥朗德称袭击是"战争行为"。

15日，由于巴黎遭遇连环恐怖袭击，法国总统奥朗德取消了参加在土耳其举行的G20峰会的行程。峰会希望针对已持续4年的叙利亚乱局找到解决途径；就解决叙利亚难民危机找到出路。峰会结束后发表的《二十国集团安塔利亚峰会关于反恐问题的声明》中表示，各国都高度关注与恐怖主义的斗争，承诺切断恐怖组织的资金来源，加强信息交换方面的合作。

22日，法国总统奥朗德承诺法国将在未来两年内接纳3万名难民，同时，奥朗德下令加强空袭伊拉克和叙利亚境内的极端主义分子。法国在联合国提案，"呼吁有能力的国家"在"伊斯兰国"控制的地区采取"一切必要的手段"；此外，他还呼吁联合国各会员国加倍努力，阻止外国恐怖分子潜入伊拉克与叙利亚，同时遏止并抑制对恐怖主义的资助。

27日，法国总统奥朗德誓言要摧毁"伊斯兰国"极端组织。

20日，非洲国家马里一家酒店遭恐怖分子袭击。随后，联合国安理会一致通过决议授权打击"伊斯兰国"。

22日凌晨，法国"戴高乐"号航母及其编队抵达地中海东部海域，将展开在叙利亚打击恐怖分子的行动。

23日，英国首相卡梅伦和法国总统奥朗德会谈。奥朗德向卡梅伦阐明他有关建立一个国际联盟以打击"伊斯兰国"的计划。卡梅伦力求英国议会的支持，以对叙利亚的"伊斯兰国"目标发动空袭。

26日，英国首相卡梅伦称，英国是时候加入打击叙利亚境内"伊斯兰国"的空袭行动了，因为英国不能"把自身安全转包给他国"。

23—26日，法国总统奥朗德展开一系列密集的外交活动，意在寻求国际社会对法国反恐行动的支持，以在国际上形成新的反恐联盟。

12月

1日，德国内阁批准联邦国防军参与打击极端组织"伊斯兰国"的行动。德国将派出1200名士兵，为法国、伊拉克等打击"伊斯兰国"的行动提供支持。德方行动主要集中在军事侦察和后勤方面，包括卫星、侦察机和空中加油机等服务。这成为目前德国最大规模的海外派兵行动。

10日，德国首批战机与军人动身飞往土耳其，准备部署在土耳其南部叙利亚边界的军事基地，以参与盟军打击"伊斯兰国"极端组织的行动。

16日，英国首相卡梅伦宣布，根据英国政府的难民安置计划，未来5年，英国将接收2万名叙利亚难民。

17日，联合国安理会成员国财政部长会议决定努力切断恐怖组织"伊斯兰国"的资金来源。这是联合国建立70年来首次举行这样的会议。

28日，法国总统奥朗德表示，法国全力支持伊拉克政府针对"伊斯兰国"的战斗。

2016年

1月

18日，德国国防部长冯·德莱恩称，德国政府将援助利比亚政府打击极端组织"伊斯兰国"。

7日，法国总统奥朗德表示，法国将继续打击恐怖主义。

29日，为加强反恐力度，法国政府拟修改宪法以强化总统权限，包括剥夺与恐怖主义有关的双重国籍者的法国国籍。

10日，德国将指派专家前往利比亚帮助其训练军队，以打击"伊斯兰国"恐怖组织。

22日，法国、德国、英国、美国等国领导人同意加快对恐怖组织"伊斯兰国"的打击行动，誓言要摧毁其在伊拉克和叙利亚的大本营。

29日，荷兰宣布将更多参与对叙利亚境内极端组织IS的打击，包括让荷兰战机加入对"伊斯兰国"目标的轰炸行动。此外，荷兰还考虑给伊拉克军队提供更多装备，为温和的叙利亚反对派提供资金，帮助当地重建学校和医院。

2月

2日，比利时与法国决定进一步加强在打击恐怖主义方面的合作，并呼吁欧盟加快制订打击恐怖主义的资金供应计划。

3日，法国政府宣布，法国面临的恐怖威胁风险"依然很高"，有必要继续实施紧急状态，政府决定提请议会批准自2月26日后将紧急状态再延长3个月。

10日，法国国民议会以317票赞成、199票反对、51票弃权通过了对恐怖罪行作案人废除法国籍修宪草案。这是奥朗德在2015年11月13日恐袭后宣布要做的事。

14日，第52届慕尼黑安全会议闭幕。此次会议围绕欧洲难民危机、叙利亚危机、打击恐怖主义等议题展开了讨论。

22日，欧洲刑警组织宣布设立"欧洲打击移民偷运中心"，加强有关移民偷运的情报共享与行动协调，重点为欧盟外部边境前沿国家的移民问题提供支持。

3月

4日，法国总统奥朗德称，法国将遵守接纳3万名难民的承诺。

8日，欧盟与土耳其未能就难民问题达成实质性协议，最终仅达成6项基本原则，其中包括：双方共同致力于提高叙利亚人道主义条件，为叙利亚居民创造安全居住环境。

14日，欧盟外长会议着重讨论了利比亚、伊朗和中东和平进程等问题，以明确欧盟的立场和未来的工作方向。欧盟外长最终确定的五大原则之一是，有选择地在一些重大外交政策上同俄罗斯进行沟通，例如伊朗、中东以及叙利亚等问题。

22日，比利时首都布鲁塞尔扎芬特姆机场和市内欧盟总部附近的地铁站，接连发生爆炸袭击事件，造成至少34

人死亡，至少187人受伤。极端组织"伊斯兰国"宣称对此次事件负责。

25日，比利时首相米歇尔表示，该国确定有意加入美国领导的联盟对"伊斯兰国"进行空中打击。

4月

6日，法国总统奥朗德对德国在马里和叙利亚的军事支持表示感谢。

10日，法国总理瓦尔斯表示，整个欧洲尤其是法国面临严重的恐怖威胁。

16日，欧盟外交和安全政策高级代表莫盖里尼开始自伊核协议签署后的首次伊朗之行，与伊朗外交部长扎里夫讨论了如何与西方在解决叙利亚和也门危机方面展开合作等问题。莫盖里尼表示，欧盟与伊朗之间的外交关系已"翻开新一页"。

25日，德国、美国、法国、英国、意大利五国领导人举行非正式会晤，讨论了叙利亚问题、打击极端组织"伊斯兰国"等议题。此次会议上传递出的一个主要信息是，未来美国与欧洲国家愿通过这一对话机制加强政策立场协调，以共同应对危机。默克尔表示，与会领导人一致认为应加强跨大西洋合作。

24日，美国总统奥巴马访问德国，与德国总理默克尔就全球经济、恐怖主义威胁，以及大西洋地区安全等议题进行了讨论。

5月

6日，据外媒报道，德国即将公布的防务白皮书显示，德国将努力推动建立一支"欧洲军队"，倡导欧盟建立联合司令部，各国共享军事资源。英国媒体分析称，这份防务白皮书反映，在追求硬实力元素支撑的外交政策方面，德国影响力和信心日益增强。

9日，法国推出一项打击恐怖主义方案，旨在两年之内阻止青少年走上极端化道路。

10日，德国国防部长冯·德莱恩宣布，到2023年该国将扩军7000人、新增军队文职人员4400人，随后还将陆续从装备、预算和人员三方面强化军力。这意味着德国将正式放弃1990年两德统一至今实行的军力收缩政策。

6月

1日，法国国防部公布的一份报告显示，法国2015年的武器出口打破纪录，出口额高达169亿欧元，即为2014年的2倍。

24日，英国"脱欧"公投结果揭晓，"脱欧"一方以51.89%的支持率赢得公投。

27日，德国、法国、意大利三国领导人表示，欧盟必须联合行动，才能有效与恐怖主义斗争。

29日，欧盟公布名为"共同愿景，共同行动：一个更强大的欧洲"的欧盟《全球战略》文件，明确了欧盟在全世界采取行动的核心利益与原则。

7月

14日，法国尼斯发生恐怖袭击，导致84人遇难，202人受伤。"伊斯兰国"称对事件负责。

15日，法国总统奥朗德宣布将法国的紧急状态延长3个月。

15日，英国首相特蕾莎·梅表示，英国将一如既往地同法国站在一起，野蛮的恐怖主义必败。

18日，法国国防部长勒德里昂宣布，尼斯恐怖袭击后，法国军队在中东地区对极端组织"伊斯兰国"目标发动了两次空中打击。

27日，德国总理默克尔表示，德法两国将同仇敌忾、并肩战胜恐怖主义。

28日，法国总统奥朗德正式启动建立国民卫队的程序，以应对该国当前严峻的反恐形势。这支基于警察、宪兵和军队预备役人员的新部队将负责保卫法国本土安全。

28日，德国总理默克尔承诺，政府将采取一切手段打击恐怖主义，并宣布了旨在打击恐怖主义、加强德国安全的"九点计划"。

8月

15日，英国外交部负责亚洲事务的政务次官阿洛克·沙马访问中国，表示英方高度重视中英合作。在叙利亚和阿富汗等问题上，两国一直共同努力应对外交政策挑战。

两国将在维和、反恐等方面加强合作。

22日，德国、法国及意大利三国领导人举行会谈，讨论英国公投"脱欧"后的形势、恐袭威胁及难民危机等议题。

21日，法国战机对极端组织"伊斯兰国"在叙利亚境内的军事目标进行轰炸，摧毁该组织一个武器库。法国此前多次出动战机空袭"伊斯兰国"在伊拉克境内目标。

9月

4日，欧洲理事会主席图斯克称，不断涌入的难民和非法移民已经超出了欧盟的承受力。他希望借助G20这样的国际平台，为解决难民问题寻找全球方案。

8日，法国总统奥朗德发表题为《面对恐怖主义的民主体制》的演讲，就国家政治议题和反恐斗争阐述其政策立场。

11日，法国总理瓦尔斯说，法国当前仍面临"最大程度的"恐袭威胁。恐怖主义已成为法国一代人需要面临的问题。

11日，法国总统奥朗德对美国政府在"9·11"恐袭后采取的政策进行批评，他认为美国前总统小布什对伊拉克发起的战争加剧了恐怖主义威胁。

16日，欧盟成员国领导人举行特别峰会，是英国"脱欧"后首次没有英国首相参加的欧盟首脑峰会。

20日，欧盟委员会宣布，将首次自主对与极端恐怖组织有关联的个人和实体采取"制裁"措施。

26日，欧盟在土耳其难民营启动了欧盟史上最大规模的人道主义救援计划，期望通过该计划缓和与土耳其的关系，进一步控制住经土耳其流向欧盟的难民潮。

10月

6日，欧盟边境与海岸警卫局成立，以应对目前严峻的难民危机和安全局势。

12日，欧盟委员会首次发布安全事务进展报告，指出未来几个月将以打击极端化和加强外部边界安全为优先事项。

16日，英国外交大臣鲍里斯·约翰逊与美国国务卿约翰·克里宣布，英美将寻求针对叙利亚政府及其支持者的最新制裁，以回应对方不断加剧的对阿勒颇轰炸。

20日，欧洲理事会在布鲁塞尔举行会议后决定，欧盟将通过强化外部边境管控和与非洲国家的合作来控制难民流入。

27日，北约秘书长斯托尔滕贝格表示，北约决定推进与欧盟在打击非法移民等方面的合作。

11月

9日，法国总统奥朗德祝贺特朗普当选美国总统。他同时表示，法美之间的重要议题包括和平、反恐、中东局势、经济关系和保护地球，并称美国仍是法国首要的合作伙伴之一。

12 月

1 日，法国总统奥朗德宣布放弃竞选连任，成为自第二次世界大战以来民望最低的法国总统，与 1958 年法国第五共和国成立以来首位放弃争取连任的总统。

19 日，德国柏林市中心发生货车冲撞人群事件，德国总理默克尔称此案件应为一起恐怖袭击。

21 日，欧盟委员会宣布将采取多项举措打击恐怖主义融资，加强欧盟打击恐怖主义和有组织犯罪的能力。

30 日，德国总理默克尔发表的新年谈话中指出，恐怖主义是德国面临的最大考验。

2017 年

1 月

2 日，法国总统奥朗德在伊拉克首都巴格达称，法军在伊拉克的战斗是为了预防法国本土遭恐怖袭击。

6 月

3 日，英国伦敦发生恐怖袭击，死伤 50 余人。英国首相特蕾莎·梅 4 日发表声明表示要加大对"伊斯兰国"等极端组织的打击力度。

22 日，法国总统马克龙宣布，就叙利亚问题，法国不再以叙总统巴沙尔·阿萨德为首要目标，而是专注于彻底铲除恐怖组织并达成叙和平稳定。

7 月

10 日，德国外交部表示，2017 年，将会有 20 万—30

万来自叙利亚及伊拉克的难民进入德国。

8月

6日，法国内政部长热拉尔·科隆说，法国在海外的军事干预使得法国面临遭到"伊斯兰国"激进分子袭击的危险。

8日，法国总统马克龙与沙特阿拉伯王储穆罕默德·本·萨勒曼通话，除了双边关系，马克龙特别提到了双方将共同打击恐怖主义和极端主义。双方一致认同必须从源头上打击恐怖主义。

29日，法国总统马克龙表示，安全、独立和法国影响力构成了法国对外政策的三大轴心，打击恐怖主义成为外交政策的首要任务。法国将"伊斯兰国"视为敌人，因此在伊拉克和叙利亚恢复和平稳定也是法国的优先目标。

后　记

　　中东北非地区的地理位置重要，战略资源丰富，民族宗教矛盾突出，地缘政治关系复杂，既是国际战略格局中的重要一环，也是大国外交博弈的重要舞台。与此同时，中东北非地区也成了2015年欧洲遭遇难民危机和恐怖袭击的根源。由于以叙利亚危机为代表的中东北非地区与欧洲关系问题，涉及反恐、难民、地区稳定等多个领域，极为棘手和敏感。自2011年3月叙利亚内战爆发后，国内外学界乃至政策界给予了很大的关注。

　　鉴于这些情况，我们——中国社会科学院欧洲研究所国际关系研究室选择"欧洲与中东"作为中国社会科学院欧洲研究所创新工程子课题"21世纪的欧洲与世界"的第一个研究专题。2015年10月，我们申请到中国外交部2016年度中欧关系研究"指南针计划"基金资助项目"中欧在中东北非地区的合作可能探析"（项目编号KT201612），在此课题资助下访问了伊朗，同德黑兰大学世界问题研究中心等机构的伊朗同行就叙利亚问题进行了较为深入的学术探讨和交流，也丰富了自己对中东地区的感性认知。本书能够面世，需要感谢中国社会科学院欧洲研究所所领导和外交部欧洲司的大力支持！

叙利亚内战旷日持久，欧洲与中东北非地区的关系又异常复杂。作为对中东北非地区了解不多的欧洲研究学者，我们花了很大的气力进入这一相对陌生的领域，在此过程中我们有幸得到诸多师友和学友的帮助。感谢北京大学阿拉伯语系吴冰冰、北京大学国际关系学院王锁劳、中国社会科学院西亚非洲研究所殷罡、中国现代国际关系研究院李绍先等中东问题专家老师的提点，在此表示衷心的感谢！感谢中国社会科学出版社的王茵总编辑助理、喻苗副主任和郭枭编辑为本书顺利出版付出的心血与努力。

我们的部分研究成果，如赵晨的《叙利亚内战中的欧盟：实力、理念与政策工具》、赵纪周的《法国的叙利亚政策析论》和黄萌萌的《德国外交文化解析——以德国的叙利亚政策为例》等3篇论文曾作为一个专题，发表在《欧洲研究》2017年第2期。作者感谢《欧洲研究》编辑部慷慨应允本书采用和改写这些论文中的部分内容。

本书为集体合作成果，其写作分工如下：

前言　赵晨

第一章"叙利亚内战与欧盟"赵晨

第二章"法国的叙利亚政策"赵纪周

第三章"英国的叙利亚政策"赵纪周

第四章"德国的叙利亚政策"黄萌萌

第五章"展望"赵晨、赵纪周

大事年表 赵纪周

本书全文由赵晨、赵纪周统校,最后由赵晨审定。此外,中国社会科学院研究生院欧洲系硕士研究生杨博、黄坤也对本书部分章节做出贡献。特此一并致谢!当然,文中谬误,概由作者个人承担。

赵晨　赵纪周　黄萌萌
2017年冬